Bornholm Reisehandbuch

Udo Haafke

Westflügel Verlag

Bibliografische Information der Deutschen Bibliothek:
Die Deutsche Bibliothek verzeichnet diese Publikation in der Deutschen Nationalbibliografie; detaillierte bibliografische Daten sind im Internet über http://dnb.ddb.de abrufbar.

Impressum

ISBN: 978-3-939408-17-8
Text: Udo Haafke
Layout: Ulrike Katrin Peters
Lektorat: Karsten-Thilo Raab

Liebe Leserinnen und Leser,
wir freuen uns, Ihre Meinung zu diesem Reiseführer zu erfahren.
Bitte senden Sie Ergänzungsvorschläge, Anregungen und Korrekturvorschläge an den

Westflügel Verlag, Gustav-Streich-Str. 62, 45133 Essen.

Weitere Informationen zum Verlagsprogramm finden Sie im Internet unter:
www.westfluegel-verlag.de

Inhaltsverzeichnis

Vorwort

Teil 1 – Land und Leute

Teil 2 – Unterwegs auf Bornholm

Teil 3 – Informationen von A-Z

Teil 4 - Anhang

Vorwort

Capri des Nordens, Sonneninsel Skandinaviens, Perle der Ostsee – mit diesen Attributen wird gern für den östlichsten Punkt Dänemarks und die fünftgrößte Insel des Landes geworben, die näher an Schweden, Polen oder Deutschland liegt, als am Mutterland selbst, und sie eindeutig als vornehmlich touristische Destination klassifiziert. Doch Bornholm bietet viel mehr als Sommer, Sonne, Strand und blaues Ostseewasser.

Bornholmer – das sind die Menschen von der Insel, die sie gern selbst als Land Bornholm bezeichnen und dabei geflissentlich ihren eigenen Inselstatus ignorieren. Was dann auch gleich für die Zugehörigkeit zum Königreich Dänemark gilt. Als Bornholmer werden zudem die kulinarischen Highlights der Insel bezeichnet, die goldig schimmernden, geräucherten Heringe aus den typischen Räuchereien.

Weltbekannte Bornholmer ticken, meistens richtig, in so mancher Wohnstube betuchter Bürgerschaft. Ein Herr (Er) und zwei Damen (Sie und Fräulein) sind es, die als exklusive Standuhren von Uhrmachermeistern in Rønne gefertigt werden. Ein Handwerk, das um 1745 eher zufällig auf der Insel strandete. Und der Sand in den Stundengläsern, die in den Bornholmer Rundkirchen zu finden sind und die Redezeit des vortragenden Geistlichen zu beschränken suchen, stammt selbstredend vom feinsandigen Inselstrand Dueodde. Beliebt auch bei Literaten zum Löschen noch feuchter Tinte.

Der geografischen Isolation verdankt das Land Bornholm eine gewisse Unabhängigkeit und Eigenständigkeit, welche der hier lebende Bornholmer stolz, mit einer gewissen Exzentrik und rechtschaffener Gelassenheit zu präsentieren vermag. Es brachte aber auch eine ganze Menge Unannehmlichkeiten. Im Laufe der Jahrhunderte stand die Insel ständig im Mittelpunkt feindlicher Handlungen aus allen erdenklichen Richtungen, die auf eine Inbesitznahme abzielten. Permanenter Spielball und Zankapfel der vermeintlich Mächtigen im Ostseeraum.

Zuletzt im Mai 1945 als nach der deutschen Kapitulation die Besatzung der Insel eigentlich beendet war und der zuständige Kommandant aufgrund missverständlicher Nachrichtenlage sich den sowjetischen Forderungen zur Aufgabe wehrhaft widersetzte. Daraus resultierte ein kleiner, ziemlich einseitiger Krieg nach dem großen Krieg in einem neuerlichen Bombar-

dement Bornholms, in dessen Verlauf leider noch Opfer und einige massive Zerstörungen zu beklagen waren.

Schließlich verbergen sich auf Bornholm reichlich Mythen, Sagen und Legenden. Diese handeln von Trollen und Unterirdischen, die an der schroffen Klippenküste zu Hause sein sollen und in den Grabhügeln im Landesinneren. Sie tragen typische Bornholmer Tracht, meist mit roter Mütze, schützen die Insel immer wieder vor Gefahren und besitzen ein erstaunliches militärisches Potential (Infanterie im Norden, Artillerie im Süden, dazu dreibeinige Pferde), das jedoch nur im Verborgenen aktiv ist. Sie schlugen – wahrscheinlich - schon so manch verängstigten Schweden in die Flucht.

Raps, Bauernhof und Windmühle bei Krakken, (rechts) Goldene Bornholmer in Hasle.

Strandvergnügen für Jung und Alt in Dueodde.

Da außer Bonavedda, Sohn eines Bauern und einer Meerjungfrau zu Beginn des 19. Jahrhunderts, niemand je einen solchen Troll zu sehen bekam, ranken mancherlei Geschichten um diese Wesen, die in der erdachten und variantenreich anzutreffenden Figur des Krølle-Bølle den Bornholmer Alltag beleben.

Der Gnom mit den krausen Locken, mit Ringelschwanz und geräuchertem Hering an geschulterter Angelrute erblickte auf ähnliche Weise wie einst Pu, der Bär, das Licht der Welt. Er basiert auf den Geschichten, die der Eisenbahner Ludvig Mahler 1943 seinem Sohn allabendlich zunächst erzählte und später aufzeichnete.

Behauptungen, dass der kauzig-freundliche Krølle-Bølle bestimmte Charakterzüge der Bornholmer auf sich vereinige, werden von diesen natürlich kategorisch abgelehnt. Sie erfreuen sich vielmehr daran, dass er so etwas wie eine Marke, ein liebenswerter Botschafter für Bornholm geworden ist. Und Klein und Groß erfreuen sich an den zahlreichen warmen Sommertagen an leckerer Eiscreme der Sorte Krølle-Bølle.

Teil 1 – Land und Leute

Lage

In der Form eines leicht verschobenen Parallelogramms liegt Bornholm etwa dort, wo sich die Ostsee in Richtung des Baltikums hin öffnet. Dieser Inselumriss taucht häufig auf als Postkarte, auf Schildern oder als Untergrund für Hausnummern. Die schwedische Küste ist kaum 40 Kilometer entfernt, etwa doppelt so weit der Seeweg nach Polen oder zur Kreideküste der Insel Rügen. Das Mutterland Dänemark sehen die Bornholmer noch nicht einmal bei klarster Sicht. Aus diesem Grund landet die Insel auf Übersichtskarten des Landes oftmals etwas ungelenk dargestellt auf einem Sonderplatz, meist in einem Einklinker rechts oben. Von den zugehörigen, winzigen Erbseninseln (dän. Ertholmene), sieben Stück an der Zahl, sind lediglich zwei bewohnt. Hier, nordöstlich der Hauptinsel, geht die Sonne Dänemarks am ehesten auf. Obwohl immer gemeinsam mit Bornholm aufgeführt, ist dieser winzige Schärenarchipel politisch direkt dem dänischen Verteidigungsministerium unterstellt.

Maritime Athmosphäre an der Hasle Marina.

Geografie

Bornholm erscheint auf den ersten Blick wie ein großer Felsblock mit reichlich kantiger und zerklüfteter Küste, der lediglich in seiner Südostecke breit und flach in das Meer übergeht. Konisch läuft die Insel zur Mitte hin auf die höchste Erhebung am Rytterknægten im Almindingen-Wald zu. Die Eiszeit und das Vorrücken der Gletschermassen in südlicher Richtung bzw. das Abschmelzen des Eises sind für das heutige Aussehen Bornholms verantwortlich, das um 10.000 v. Chr. noch einen festen Verbund mit der pommerschen Küste einging.

Die Landschaft Bornholms erscheint weitgehend wellenförmig. Ein sanftes Auf und Ab ist beim Blick über die wogenden Felder erkennbar, während sich in den Wäldern einige tiefere Schluchten verbergen, so das Ekkodal oder das Dovredal. Als sich das Eis schubweise zurückzog, hobelte es die überwiegend aus Granitgestein bestehende Inselsubstanz ab, Schmelzwasser vergrößerte dabei die Ausdehnung der Schluchten. Schließlich hinterließ das Eis eine hügelige Oberfläche ebenso wie eine ganze Reihe von mächtigen Findlingen, die man überall entdecken kann. Einige davon sind sogenannte Wackelsteine (dän. Rokkesten). Sie lagen auf ganz kleinen, noch härteren Steinen und bewegten sich früher leicht, aber unablässig. Heute vermag selbst größter Kraftaufwand leider keine Bewegung mehr zu erzeugen.

In den felsigen Buchten und Küstenbereichen im Norden und Osten sind teilweise skurril geformte Felsformationen zu finden, die reichlich Spielraum für einfallsreiche Interpretationen oder fantasievolle Geschichten geben. So die Kamelköpfe (dän. Kamelhovederne) und der Löwenkopf (dän. Løvehovedet) unterhalb der Burgruine von Hammershus, Jons Kapel vor Vang oder die Heiligtumsklippen (dän. Helligdomsklipperne) nahe des Kunstmuseums von Rø. Das Granitgestein der Insel, das in verschiedenen Härtegraden und Farbigkeiten auftritt, gehört geologisch gesehen zu Schweden und hat ein ungefähres Alter von 1,5 Milliarden Jahren. Vergleichsweise jung mit etwa 140 Millionen Jahren demgegenüber sind die fossilen Funde von Saurierknochen und –zähnen.

Flora und Fauna

Evolutionstheorien außer Acht lassend, bekommt man immer wieder gerne etwas verklärende Geschichten zum Schaffenswerk Gottes zu hören. Auch über Bornholm gibt es mehr als

Der Opalsø am Hammeren (oben). Nicht nur eine Schwalbe macht den Bornholmer Sommer (unten).

eine solch himmlische Mär. So soll der Schöpfer nach Vollendung seiner handwerklichen Tätigkeit der Kreation des Erdenrunds noch ein wenig Substanz in Form zauberhafter Naturschönheiten übrig gehabt haben. Felsen, Sand, Bäume, Pflanzen schüttelte und rieb er sich aus den Händen, just über der Ostsee. Das paradiesisch anmutende Etwas, auf welches die Reste niederrieselten, wurde – Bornholm.

In der Tat ist die Landschaft ausgesprochen abwechslungsreich, mit typisch nordischen, mit typisch skandinavischen, aber auch mediterranen Einflüssen. Sie reicht von den kantigen Klippen und Felsbuchten bis zum wunderschönen Strand, von dichten Wäldern mit teils urwaldähnlicher Prägung bis hin zu Sümpfen, Mooren, Wasserläufen und Seen, sowie ausgedehnten Heideflächen (Højlyngen, Hammeren). Dänemarks höchster Wasserfall liegt im Døndalen bei Rø an der Nordküste. Hier stürzt mitunter eine ausgesprochen imposante Wassermenge dem Meer entgegen.

Zwischen diesen Landschaftstypen erstrecken sich immer wieder kraftvolle landwirtschaftliche Areale mit goldgelb blühenden Rapsfeldern oder wogenden Getreideflächen und einer bunten Vielfalt an Blumen und Blüten. Während sich hinter dem

Brandgänse entfliehen dem Rummel von Snogebæk.

Am Borresø im Wald von Almindingen.

Strand von Dueodde ein breiter Gürtel aus knorrigen Kieferbäumen ausbreitet, besteht der weitläufige Forst von Almindingen, angelegt im 19. Jahrhundert und zweitgrößtes zusammenhängendes Waldgebiet Dänemarks, aus einem bunten Gemisch von Nadelhölzern und Laubbäumen. Bemerkenswert auch die große Menge an Wildkirschen mit ihrer typischen weißen Blütenpracht.

In den beschaulichen Dörfern und geschützten Gärten entwickelten sich günstige mikroklimatische Verhältnisse, die Pflanzen hervorbringen, die in diesen Breiten normalerweise nicht vorkommen. Pfirsiche und Aprikosen, Kiwis und Mandeln können zum Ende des Sommers geerntet werden. Dazu gesellen sich die Feigen- und Maulbeerbäume, selbst Weintrauben konnten mittlerweile Boden gut machen und erste, recht vielversprechende Lesen einfahren. Ansonsten ranken Stockrosen und Malwen mannshoch und farbenprächtig an warmen Sommertagen an den Hausfassaden empor.

Botaniker erfreuen sich an einer großen Dichte seltener Blumen und Pflanzen, die teilweise noch Überbleibsel der Eiszeit, teilweise aber auch erst seit einhundert Jahren an einem angestammten Standort zu finden sind. Bei regelmäßigen Kartierungen kommt es nicht selten vor, dass wieder eine neue botanische Spezies gefunden wird. Insbesondere das Sonnenröschen gehört zur ersten Gruppe der alten Pflanzen, während sich Anemonen und Schlüsselblumen als malerische Farbtupfer in üppigen Wildblumenwiesen präsentieren. Das bunte Gemisch aus Klee, aus Kamille und Margeriten, aus Mohn- und Kornblumen weist auf einen recht gesunden Boden und eine noch vorhandene biologische Natürlichkeit hin. Ein sommerliches, liebliches Summen und Brummen zahlloser Insekten, die vielen verschiedenen Schmetterlinge und die grazilen Libellen unterstützen diese These nachhaltig. Etwas weniger erfreulich ist die vermehrte Ausbreitung der Zecken, die erst seit wenigen Jahren auf Bornholm ihr Unwesen treibt.

Und dann gibt es da noch einen krabbelnden Zeitgenossen, der sich mittels einer ganz besonderen Fähigkeit Respekt vor Feinden verschafft: er schießt nämlich deutlich hörbar auf seine Gegner. Dazu vermischt der knapp 2 cm große, gepanzerte Winzling zwei körpereigene Chemikalien miteinander. Bei der Reaktion, die einen echten Knalleffekt darstellt, schleudert er unter Druck lähmendes Chinon hervor. Dieses etwas martialisch anmutende Käferchen mit den roten Beinen und den violett-blauen Metallic-Flügeln ist als Bombardierkäfer bekannt und vor allem im Inselsüden zu finden.

Die Vogelwelt ist bestimmt von den Arten, die auf dem Meer und an der Küste vorherrschen und auch in Dänemark und Schweden heimisch sind. Dazu gehören Möwen und Seeschwalben, aber auch Eiderenten und Trottellummen. Diese ziehen ihren Nachwuchs auf der kleinen Schäreninsel Græsholm, zu den Erbseninseln gehörend und ausgewiesenes Vogelschutzgebiet, groß. Zugvögel nutzen Bornholm als Rastplatz auf ihren Reisen gen Norden oder Süden, darunter auch die Kraniche. Diverse Singvogelarten sind in den Wäldern anzutreffen und die umtriebigen Saatkrähen konkurrieren gern mit den Möwen um den lautesten und schrägsten Gesang. Bedingt durch den Klimawandel und veränderte Lebensräume siedeln teilweise neue Arten auf Bornholm an, die sonst eher in südlicheren Gefilden zu Hause sind. So lässt sich z.B. schon der Schwarzspecht beim Hämmern in den Kieferwäldern von Dueodde beobachten.

Laubfrösche begeistern an warmen Frühjahrstagen mit ihrem fröhlich tönernen Quaken, das sie manchmal auch von den Blättern der Seerosen auf den Seen und Teichen in der Inselmitte verlauten lassen. Meistens jedoch halten sie sich in Schilf und Binsen an den Ufern versteckt. Ebenso wie einige Krötenarten. Gefährlich kann mitunter der Biss der seltenen Kreuzotter sein, einer der wenigen giftigen Schlangenarten im nördlichen Europa. Sie hält sich gerne in den feucht-warmen Heidegebieten der Insel auf. Bei Wanderungen hier ist festes Schuhwerk empfehlenswert, doch wird man dieser Tiere ausgesprochen selten angesichtig.

In den Wäldern geht es vergleichsweise ruhig zu, Fuchs und Hase sagen sich Gute Nacht und einige muntere Rehlein springen umeinander. Die Zeiten, da sich ein abenteuerlustiger Elch aus seiner angestammten schwedischen Heimat übers Eis der Ostsee wagte und beträchtlichen Flurschaden im Inselforst anrichtete, sind vorbei.

Klima

So mancher Spaziergänger, der an einem Sommertag durch die Gassen Gudhjems schlendert und in die kleinen Gärten schaut, wird sich verwundert die Augen reiben: da reifen tatsächlich Feigen auf den Bäumen mit den großen, etwas ledrigen Blättern heran. Dies ist der deutlichste Beleg für die Sonderstellung Bornholms hinsichtlich der lokalen klimatischen Bedingungen. Kein anderer Ort Dänemarks zählt mehr Sonnenstunden und auch die durchschnittlichen Temperaturen liegen im skandinavischen Vergleich in den oberen Regionen. Günstiges Mikroklima in den Dörfern, das besondere Licht und eine scheinbar heller als anderswo strahlende Sonne bescheren Bornholm eine geradezu mediterrane Atmosphäre. Diese wird noch unterstützt durch die farbenfrohen Fassaden der Häuser, welche die Wärme nicht nur reflektieren, sondern auch speichern. So kann man im Sommer wunderbar laue und helle Nächte erleben. Und das obwohl der Frühling üblicherweise später einsetzt, da die Erwärmung der Ostsee etwas mehr Zeit in Anspruch nimmt. Dadurch jedoch bleibt die Wärme länger und der Herbstanfang präsentiert sich oft noch sehr warm und milde. Grundsätzlich herrschen weder im Sommer noch im Winter extreme Temperaturen, es kann aber sehr wohl klirrend kalt oder ungewöhnlich heiß werden.

Die Jahreszeiten gehen, wie im übrigen Europa auch, zunehmend ohne erkennbare Trennungen ineinander über. Während die Periode von Mai bis Anfang Oktober in erster Linie dem Tourismus vorbehalten ist, bleiben die Bornholmer ansonsten überwiegend unter sich. Und das obwohl ein kalter, klarer Januartag am Strand ein wunderbares Erlebnis sein kann oder die eher seltenen Tage mit Schnee sogar fürs Skifahren genutzt werden können.

Wirtschaft

Die traditionellen Wirtschaftszweige Fischerei und Landwirtschaft, auch die Steinindustrie waren über lange Zeit die wichtigsten Erwerbsquellen für die Bornholmer Bevölkerung. Durch Überfischung der Ostsee und drastische Regulierungen der Fangquoten seitens der Europäischen Union erlebten insbesondere die Fischer einen dramatischen Niedergang, der erst in jüngster Zeit wieder gestoppt werden konnte, da man sich den gegebenen Möglichkeiten anpasste und die Fischverarbeitung umstellte. Die großen Mengen an Fischkuttern in den Häfen gehören jedoch endgültig der Vergangenheit an.

Etwas anders gestaltet sich die Problematik im Agrarbereich: die Menge der Höfe nimmt ab, die Größe der Felder nimmt zu, doch geraten Ertrag und Aufwand weitestgehend aus dem Gleichgewicht. Hinzu kommt, dass der Besitz der Höfe durch Erbfolge geregelt ist, diese aber immer öfter ausbleibt. Entweder, weil es gar keine Kinder gibt oder diese kein Interesse an einer Übernahme haben und stattdessen lieber die Insel verlassen. Leerstand und Verfall sind die Folge, gegen die es zu vorzugehen gilt.

Mittels Windkraftanlagen werden schon gut 30 % des Energiebedarfs der Insel gedeckt und man ist bestrebt auch in diesem Segment Unabhängigkeit zu erreichen. Einige vielversprechende Konzepte liegen schon vor (www.bornholm.dk). So haben auch Privatleute die Möglichkeit ihre eigene Windmühle zu errichten und eigenen Strom zu erzeugen.

Letztlich funktionieren vor allem der Tourismus und damit das Dienstleistungsgewerbe als Wirtschaftsmotor. Erstaunlicherweise trotz strenger Regeln. Diese besagen beispielsweise, dass nie mehr Urlauber als Bornholmer Bürger gleichzeitig auf der Insel sein dürfen, was die Zahl der Gästebetten bei etwa 42.000 deckelt.

Andererseits hat diese strikte Regelung auch erfolgreich den Bau von hässlichen Bettenburgen und architektonischen Betonwüsteneien verhindert und selbst die luxuriösen Ferienhäuser, die in ihrer Höhe nicht über den Baumbestand herausragen dürfen, verfügen nur in Ausnahmefällen über die in anderen Landesteilen so populären Swimming-Pools.

Schnee in Østerlars und Fischerboote im Hafen von Listed.

SE 113

Steckbrief

Fläche:........................588 Quadratkilometer
Maximale Länge: 40 Kilometer (Nordwest-Südost)
Maximale Breite: 30 Kilometer (Südwest-Nordost)
Küstenlänge:..........158 Kilometer
Einwohnerzahl:....ca. 42.000, davon knapp 100 auf Ertholmene
Bevölkerungsdichte:..................71 Einwohner pro Quadratkilometer
Höchste Erhebung:................Rytterknægten, 162 Meter
Größter Ort:............Rønne (etwa 15.000 Einwohner)

Geschichte im Zeitraffer

10.000 v. C.............Landmassen von Polen und Bornholm vereint, Besiedlung durch Fischer und Jäger
7.000 v. C................Insel nach Ende der Eiszeit
4.000 v. C...............Bauern machen die Insel urbar
1.800 v. C................Handel mit Nachbarregionen
790................................Zeit der Wikinger beginnt
890................................Bornholm wird erstmals namentlich erwähnt
1070............................Ende der Wikingerherrschaft
1149........Bornholm mit Ausnahme von Rønne nach Friedensvertrag im Besitz des Erzbischofs von Lund, Bau der Lilleborg
1150........Bau der Østerlars Rundkirche
1255........vermutlicher Baubeginn der Burg Hammershus
1259........Lilleborg wird geschliffen
1265........Hammershus wird umkämpftes Machtzentrum
1327........Herrschaft des Erzbischofs von Lund
1521........Plünderungen durch Eindringlinge aus Lübeck, Danzig und Schweden
1525........Bornholm für 50 Jahre im Besitz Lübecks
1618........Pest wütet auf der Insel
1645........wieder Pest mit großen Verlusten in der Bevölkerung, Schweden erobern die Insel, geben sie jedoch bald zurück
1657........Niederlage von König Frederik III. gegen Schweden, Insel sowie südschwedische Provinzen erneut schwedisch
1658........erfolgreicher Aufstand der Inselbewohner gegen Schweden, Attentat auf Gouverneur Printzenskjöld Bornholm schenkt sich selbst dem dänischen Königshaus
1675-79.gescheiterte Eroberungsversuche durch Schweden
1684........Befestigung von Christiansø und Frederiksø
1721 Ende des nordischen

Krieges

1743.........Aufgabe von Hammershus

1808.........Versuch Englands Christiansø einzunehmen misslingt

1822.........Denkmalschutz für Burgruine Hammershus

1828.........erstes Dampfschiff in Rønne

1830.........Anfänge von Tourismus

1866.........Gründung der ersten eigenen Reederei, Vorläufer der späteren Bornholmstrafikken

1866.........Erste Ausgabe der Tageszeitung Bornholms Tidende

1867.........erster dänischer Reiseführer über Bornholm

1875.........erster Bornholm-Reiseführer in deutscher Sprache

1900.........Bahnstrecke von Rønne nach Nexø eröffnet

1940.........Besatzung durch deutsche Wehrmacht am 10. April

1943.........V1-Raketen-Querschläger aus Peenemünde landet im Inselsüden

1945.........sowjetische Bomben schlagen zwei Tage nach deutscher Kapitulation am 7. und 8. Mai in Nexø und Rønne ein, danach besetzen die Russen Bornholm

1946.........letzte sowjetische Besatzer verlassen Bornholm am 5. April

1968.........Einstellung des Eisenbahnbetriebes

1984.........Festung Christiansø wird 300 Jahre alt

1985/86 Funde von kleinen Goldfiguren aus der Zeit um 500 n. C. bei Sorte Muld in der Nähe von Ibsker

1990.........Räucherei von Hasle nimmt Betrieb wieder auf

1993.........neues Kunstmuseum eingeweiht durch dänische Königin Margarethe II.

2000.........Fund eines 130 Millionen Jahre alten Saurierzahns

2001.........Einsatz der Schnellfähre von Ystad nach Rønne

2005.........Fährbetrieb nach Sassnitz auf Rügen

Die Geschichte

Die Eiszeit prägte die frühe Geschichte Bornholms, das vor mehr als 12.000 Jahren noch fest mit dem mitteleuropäischen Kontinent und dem Küstengebiet von Mecklenburg-Vorpommern und Polen verbunden war. Durch die Kräfte der postglazialen Landhebung, den gleichzeitigen Rückzug der immensen Eismassen und den Anstieg des Meeresspiegels löste sich die Insel allmählich vom Festland und driftete im Verlauf der folgenden Jahrtausende in Richtung Schweden. Dabei blieb sie bedingt durch die felsige Beschaffenheit wie der sprichwörtliche Fels in der Brandung erhalten. Verschiedene Funde von Siedlungsresten an einigen Stellen auf der Insel lassen den Schluss auf eine Besiedlung durch Jäger und Fischer zu. Diese lebten sowohl in den Küstenbereichen bei Hammeren oder Melsted als auch im Inneren Bornholms entlang kleiner Wasserläufe. Archäologen entdeckten neben vielen Arbeitsgeräten aus Knochen auch das erste dänische Musikinstrument, eine Art knöcherner Flöte.

Aus der Periode bis zum Beginn der neuen Zeitrechnung sind ungewöhnlich viele Relikte von Dolmen und Hünengräbern bis hin zu Schiffssetzungen und Felszeichnungen (Madsebakke bei Allinge) bekannt und meistenteils auch noch erhalten. Fundstücke aus dem Eisenzeitalter belegen, dass die damaligen Bewohner Bornholms einen recht eifrigen Handel betrieben und über einen durchaus beachtlichen Reichtum verfügten. Darauf deuten Münzen und Pretiosen aus Gold und Silber hin, die man als Grabbeigaben entdeckte. Auch die vielen auf der Insel zu findenden Bautasteine stammen aus diesem Zeitalter. Warum die aufrechten, bis zu drei Meter hohen Monolithe einstmals aufgestellt worden sind, ist nicht bekannt. Auf Gräbern waren sie nämlich nur ausnahmsweise zu finden. Etwa 50 Bautasteine stehen zwischen Bäumen in einem Hain bei Louisenlund in der Inselmitte. Andere, allerdings nur drei Stück, zieren prominent den Küstensaum vor Gudhjem (Hestestene). Weitere größere Ansammlungen kann man in der Umgebung von Nexø bei Hjortebakker und im Waldgebiet Gryet entdecken.

Die Fluchtburgen Gamleborg (eine davon in Almindingen, eine zweite gleichen Namens in den Paradis-

Hellig Kvinde

Bulkierne) dienten der damaligen Bevölkerung zum Schutz vor feindlichen Angriffen. Natürliche Erdwälle wurden teilweise mit Steinmauern verstärkt. Diese Anlagen sind als Befestigung mittlerweile nur noch schwer in der Landschaft auszumachen. Hier insbesondere die Größte der beiden Namensverwandten im Almindingen-Wald. Vermutlich begründet sich in dieser Zeit der Erdgeschichte die Herkunft des Namens Bornholm, der vom altskandinavischen Burgundarholmr abstammt. Übersetzt bedeutet dies die Insel der Burgunden. Dieser ostgermanische Volksstamm hatte, so glaubte man in der Antike, auf Bornholm seine ursprüngliche Heimat.

Dann kamen die Wikinger und bildeten eigene Herrschaftsstrukturen. Man pflegte jedoch nicht nur das Werk kriegerischer Eroberungszüge und Auseinandersetzungen sondern machte sich vielmehr sesshaft, betrieb ebenfalls Landwirtschaft und Handel. Eine erkleckliche Anzahl von Runensteinen, deren Inschriften teilweise von tatsächlichen, teils grotesken Begebenheiten erzählen, veranschaulicht das damalige Leben und den damaligen Glauben. Diese Steine stehen heute zumeist auf den Bornholmer Kirchhöfen. Zum Teil sind sie gar in das Mauerwerk der Gotteshäuser integriert.

Eine erste schriftliche Erwähnung von Burgundaland datiert etwa auf das Jahr 900 n.Chr. als ein englischer Entdecker davon in einer Botschaft an sein Königshaus berichtet. Damit brachen unruhigere Zeiten an, denn Bornholm wurde nun als Handelsplatz und wertvolle Zwischenstation auf dem Seeweg erkannt und geschätzt. So folgte über Jahrhunderte ein wildes Gezerre um Besitz und Macht über die Insel.

Vor allen Dingen der Zwist zwischen den weltlichen und den kirchlichen Oberhäuptern, namentlich dem dänischen König und dem Bischof von Lund, die eigentlich schon über die gerechte Aufteilung der Steuereinnahmen eine Einigung erzielt hatten, wirkte sich auf die weiteren Geschehnisse aus. Während der König Lilleborg unweit der Almindinger Gamleborg anlegen ließ und damit für die erste permanent militärisch besetzte Befestigung auf Bornholm sorgte, richtete der Bischof als Gegenpol ab 1255 die Burg Hammershus ein. Von der Lilleborg am Borresø, gleichsam älteste Ruinenanlage Bornholms, sind seit der Schleifung durch die einfallenden

Jons Kapelle.

Wenden kaum 150 Jahre nach ihrer Erbauung nur noch Fragmente sichtbar. Gleichzeitig wurden auch insgesamt 15 Rundkirchen ausgeführt. Die dicken Mauern der vier verbliebenen, für das heutige Bornholm so charakteristischen Gebäude, zeugen von der gewünschten doppelten Nutzung als Befestigung und als Andachtsort.

Hammershus erwies sich als begehrter Standort, Stützpunkt für die jeweiligen Inselherrscher. Der Bischof hielt sein Regiment mehr oder weniger ununterbrochen bis 1522, dann übernahmen Lübecker Fürsten die Herrschaft. Sie eroberten die Burg im Sturm und deklarierten sie drei Jahre später als Sitz des Lehnsherren. Die Lübecker taktierten damals ausgesprochen klug, um Bornholm für ihre Zwecke in Besitz zu nehmen. Sie überstellten das von ihnen besetzte Gotland an den dänischen König und bekamen als Gegenleistung Bornholm für 50 Jahre als Pfand. Während dieser Zeit veränderten sie einiges am Aussehen von Hammershus. Die heute in Teilbereichen deutlich erkennbaren Ziegelmauern stammen teilweise aus dieser Zeit.

60 Jahre nachdem die Lübecker Bornholm verlassen hatten, zwi-

Svaneke, Højene.

Allmindingen, Lilleborg.

schenzeitlich wütete die Pest, besetzten die Schweden die Insel für knapp zwei Monate, um 1658 mit einem Friedensvertrag zurückzukehren. Dänemark hatte eine Niederlage gegen Schweden erlitten und musste vertragsgemäß alle im Nachbarland besetzten Gebiete wieder abtreten. Dazu zählte auch Bornholm. Wegen der vereisten Ostsee erfuhren die Bornholmer erst verspätet von dieser Abmachung und friedlichen Übernahme. Sie sahen sich zum Beginn des Frühjahrs recht unvermittelt dem schwedischen Gouverneur Printzenskjöld gegenüber, der seine Zelte ebenfalls auf Hammershus aufschlug.

Doch seine Ideen, seine geforderten Steuern und Abgaben, seine Zwangsrekrutierung von Bornholmer Männern, fanden keine ungeteilte Zustimmung. Die Inselbevölkerung unter Führung der Städte Hasle und Rønne in Person des Pfarrers Povl Ancher lehnte sich auf und trieb noch im gleichen Jahr die Besatzer zurück nach Schweden. Bei der unblutigen Revolte kam lediglich der ungeliebte Gouverneur durch einen Anschlag in der Storegade von Rønne zu Tode. Die erfolgreichen Aufständischen haben heute Heldenstatus, sind Namensgeber für die Bornholmer Fähren. Ancher, Jens Kofoed, Niels Gumløse und Peder Olsen machten sich selbst und ihr Land auf ewig zum Geschenk an den zu der Zeit arg gebeutelten dänischen König Frederik III. Als Gegenleistung erhielt Bornholm einige Privilegien.

Um vor möglichen feindlichen Angriffen gewappnet zu sein und sich nicht ausschließlich auf das für diese Zwecke zu klein gewordene Hammershus verlassen zu müssen, beschloss man die bis dato unbewohnten Erbseninseln, Christiansø und Frederiksø, zu einer Festung auszubauen. Denn trotz Friedensvertrag stellte das nahe Schweden eine potenzielle Bedrohung dar. Anfang des 17. Jahrhunderts war die von König Christian V. gewünschte Verteidigungsstellung eingerichtet und bemannt, doch kriegerische Einsätze gab es mit Ausnahme eines folgenlosen englischen Bombardements im Oktober 1808 nie. Auch Rønne sollte zur Festung ausgebaut werden. Vollendet wurde dieser Plan nicht. Der Kastellturm erinnert heute daran.

Die wilden, kriegerischen Jahre waren vorbei. Bornholm positionierte sich fortan als Handelsplatz,

Burgruine Hammershus.

Einer der Wackelsteine in Rutsker Højlyng bei Rø.

der zu Beginn des 19. Jahrhunderts durch die einsetzende Dampfschifffahrt zusätzlichen Aufschwung erhielt. Das noch zarte Pflänzchen des Fremdenverkehrs schlug erste Wurzeln. Es gewann sehr schnell an Bedeutung, unterstützt durch regelmäßigen Linienverkehr mit Deutschland, mit Schweden und Kopenhagen. Speziell die deutschen Gäste, die sonntags von Sassnitz auf Rügen aus herüberkamen, waren sehr beliebt. Im Vorfeld des Zweiten Weltkrieges wurde Deutschen die Auslandsreise nachhaltig erschwert, stattdessen kamen sie 1940 zurück. Dieses Mal als Besatzer.

Als 1943 eine fehlgeleitete V-1 Rakete auf Bornholm niederging, reagierten die findigen Inselbewohner schnell und lieferten Daten und Fakten der geheimen, vermeintlichen Superwaffe über Schweden nach England. Nach der deutschen Kapitulation am 4. Mai 1945 feierte ganz Europa, nur Bornholm nicht. Ein Treppenwitz der Geschichte, denn die Information gelangte nicht in die deutsche Kommandantur. Dort war man zwar bereit die Insel an die Engländer zu übergeben, nicht jedoch an die russische Streitmacht. Diese schickte Flugzeuge zur Aufklärung, welche prompt, obwohl der Krieg vorbei war, beschossen wurden. Derart provoziert bombardierten die Russen am 7. und 8. Mai Rønne und Nexø und richteten einigen Schaden an. Zehn Todesopfer waren zu beklagen. Tags darauf begann die erneute Besatzungszeit. Jetzt aber durch die Russen. Sie dauerte bis Ende März 1946. Für den zügigen Wiederaufbau erhielten die beiden betroffenen Orte Holzhäuser aus Schweden.

Seither bestimmen vornehmlich Veränderungen im Bereich des Tourismus die jüngere Vergangenheit. So die Einstellung des Eisenbahnbetriebes 1968, die ehemaligen Bahntrassen der Schmalspureisenbahn sind heute wichtiger Bestandteil des Bornholmer Radwegenetzes, oder die Wiederaufnahme der historischen Schiffsverbindung mit Fähren von Sassnitz nach Rønne.

Essen und Trinken

Smørrebrød, kunstvoll und lecker belegte Brote, oder der berühmte Test für Sprachschüler rødgrød med fløde (rote Grütze mit Sahne) sind die kulinarischen Klassiker, die symbolisch für die Küche Dänemarks stehen. Unvermeidlich auch das knallrote Würstchen (pølse) im Brötchen, das als Hot-Dog an mobilen Fast-Foodständen verkauft wird. Ebenso charakteristisch auch die rot-weiße Kuh Karoline, die über viele Jahrzehnte werbewirksam auf die hohe Qualität dänischer Molkereiprodukte aufmerksam machte.

Das schmackhafte Blätterteig-Gebäck, das wundervoll duftend in den Auslagen der Bäckereien zu finden ist und den Gaumen anregt, heißt in Dänemark Wienerbrød, während es bei uns als Kopenhagener bekannt ist, doch wirklich gut eigentlich nur in Dänemark schmeckt. In der Weihnachtszeit sind die Æbleskiver (Apfelscheiben) ein unbedingtes Muss. Der Name jedoch ist etwas missverständlich, da es sich um in Fett ausgebackenes, krapfenähnliches und kugelförmiges Backwerk handelt. Zu Silvester schließlich stehen filigrane Kransekage auf dem Programm. Dies sind spitze, hohe kegelförmige Kuchen, die aus übereinander geschichteten Ringen bestehen und mit Puderzucker oder Glasur fein verziert werden. Zusätzliche Dekoration sind oft kleine Figuren und en-Miniature der Danebrog, die dänische Flagge.

Die dänische Küche gestaltet sich tendenziell eher einfach und gutbürgerlich bis deftig, lässt auf den ersten Blick eine gewisse Raffinesse

Frisch zubereiteter Schmaus in Svaneke.

vermissen. In erster Linie findet man frischen Fisch in großer Vielfalt und Meeresfrüchte sowie Schweinefleisch auf den Speisekarten landesweit. Dazu gibt es häufig Kartoffeln und Gemüse, gerne beispielsweise Rotkohl. Mittagessen heißt im Dänischen übrigens frokost und das warme Abendessen wird als middag bezeichnet, was schon einmal leichte Verwirrung auslösen kann. Nach den Mahlzeiten macht übrigens gern und oft der bekannte Kümmelschnaps Aquavit die Runde.

Kaffee wird in Dänemark gern und reichlich getrunken, Kinder erfreuen sich am meist recht süßen Sodavand, Limonade farblich manchmal etwas fragwürdiger Natur. Der Bierkonsum (Øl) in Dänemark ist recht hoch, wobei die großen Marken zwar dominieren, jedoch der allgemeine Trend hin zu individuelleren Produkten geht. So besitzt Bornholm seit dem Jahr 2000 mit dem Svaneke Bryghuset auch wieder eine eigene Brauerei, die schon weit über die Landesgrenzen hinaus bekannt ist und 2003 die Auszeichnung für das beste dänische Bier erhalten hat (www.svanekebryghus.dk/bryggeri). Bereits fünf Jahre vor der Aufnahme des Braubetriebes begann Vingården in Pedersker mit der Produktion von Erdbeerwein. Als Dänemark 2000 zum offiziellen Weinland ernannt wurde, setzte man die ersten Weinstöcke aus deren Trauben bereits zwei Jahre später Rotwein gekeltert werden konnte. Weiße Trauben werden bald folgen. 2005 ging schließlich eine Brennerei in Betrieb, die neben Branntweinen auch Whisky herstellt (www.a7.dk). Aquavit kommt schließlich seit 1994 aus der Spritfabrik in Nexø (www.bornholmersnaps.dk), Einige der Bornholmer Lebensmittelproduzenten vermarkten sich gemeinsam in der Initiative Gourmet Bornholm.

Die Küche Bornholms wurde in früherer Zeit bestimmt durch Einflüsse aus Schweden, Polen und Deutschland und hat erst in jüngerer Vergangenheit auch die sonst in Dänemark typischen Gerichte adaptiert, was ein wenig zu Lasten der Bewahrung eigener Ursprünge geht. Auch der typische, über Erlenreisig mild geräucherte Bornholmer Hering stammt in seiner charakteristischen Zubereitungsform eigentlich von schottischen Soldaten und gelangte über Umwege während kriegerischer Auseinandersetzungen zunächst nach Christiansø und dann nach Bornholm.

Goudhjem, Grevens Dal mit Aussicht auf die Erbseninseln.

Café
Klippen

Brandungsangeln in Snogebæk.

Der gesalzene Hering, der sowieso schon zu den eher bescheidenen Grundnahrungsmitteln der Insel gehörte, bildete den Hauptbestandteil einer jeden Mahlzeit. Daneben bevorzugte man das, was selbst auf der eigenen Krume heranwuchs – Kartoffeln, Zwiebeln und eventuell ein wenig Getreide. Acht Heringe, so schrieb 1886 der Arzt J. Carlsen, der sich mit den Lebensgewohnheiten der Menschen beschäftigte, seien die Tagesration für einen erwachsenen Mann. Auch das für verwöhnte Gaumen kaum vorstellbare Versprechen von Dienstherren an ihre Untergebenen, dass diese nicht mehr als drei Mal in der Woche Lachs essen müssen, stammt aus dieser Zeit.

Von den einst unzähligen Räuchereien mit ihren typischen, hoch aufragenden Schornsteinen sind heute nur noch neun in Betrieb. Allerdings gehören sie zu den beliebtesten Treffpunkten der Bornholmer und der Touristen gleichermaßen. Nichts geht über den Genuss eines noch warmen, nach etwa sechs Stunden goldgelb gegarten Herings (dän. røget sild) mit grobem Salz und einer Scheibe dunklen Brotes. Dazu gehört natürlich auch ein Bier. Die geräucherten Fische glänzen beinahe malerisch an langen

Stangen aufgereiht in der Sonne und werden gleich an der frischen Luft verzehrt. Wegen ihres hohen Fettgehalts kann schon einmal ein zusätzlicher Aquavit zur Verdauung notwendig sein.

Der bekannteste Serviervorschlag für den goldenen Bornholmer Räucherhering ist die sogenannte Sonne über Gudhjem (alternativ aber auch über Svaneke, Hasle oder Allinge, dän. sol over ...). Hier garnieren Zwiebelringe und ein Eigelb die einfache, aber schmackhafte Fischkomposition. Ein weiterer Leckerbissen ist der auf gleiche Weise geräucherte Bornholmer Wildlachs, der eine hellere und weichere Konsistenz besitzt als die atlantischen Lachse.

Weitere Variationen um den Nationalfisch Bornholms sind auf den Speisekarten rund um die Insel zu finden, wobei insbesondere die marinierte Variante vielerlei Spielarten hat. So durch Zugabe speziell kreierter Dips oder passender Beilagen. Der gesalzene Brathering (dän. saltstegt sild) kommt filetiert beispielsweise auch in Verbindung mit Stachelbeer- oder Rhabarberkompott auf den Teller. Klingt merkwürdig, ist aber ausgezeichnet.

In der Vorweihnachtszeit steht auf der nachmittäglichen Kaffeetafel gerne der Bornholmer Adventskuchen, der in seiner Konsistenz und Zusammensetzung irgendwo zwischen Stollen und Früchtebrot anzusiedeln ist. Die Zutaten wie Feigen, Ingwer, Mandeln, Mohn, Nelken und Rosinen könnten sehr wohl aus inseleigener Produktion stammen. Alle gemeinsam verleihen sie dem gehaltvollen Backwerk einen unverwechselbaren Geschmack.

Sport und Freizeit

Bornholm bietet ein fast unerschöpfliches Füllhorn an attraktiven Beschäftigungen in der Freizeit. Das reicht vom Beachvolleyball im heißen Sand über Kletterausflüge in Klippen und Steinbrüchen bis zum Skifahren mit eigenem Lift, sofern denn der Winter ein schneereicher ist. Badminton, Bowling, Tennis, Petanque, Para-Sailing, Dead-Sliding, Rappelling – nichts ist unmöglich auf Bornholm.

Wassersport

Naturgemäß stehen Aktivitäten auf und im Wasser auf Bornholm hoch im Kurs. Der stets wehende Wind spielt dabei eine zentrale Rolle. Beliebte Gebiete für das klassische Surfen und das Kite-Surfen sind natürlich der breite, lange Strand von

Dueodde im Inselsüden, den sich die Sportler allerdings mit den Freizeitschwimmern und Badelustigen teilen müssen, was in seltenen Fällen zu Interessenskonflikten in Strandnähe führen kann. Vorsicht und Rücksicht sind in jedem Fall angebracht. Surfer fühlen sich auch wohl um die kleineren Strände von Boderne im Südwesten oder von Snogebæk im Südosten, wobei vor allem Snogebæk wegen mitunter tückischer Windverhältnisse nur geübten Surfern zu empfehlen ist. Im Juli und August bietet die EastWind Surfschule in Balka Kurse für Anfänger und Fortgeschrittene (www.eastwind.dk).

Für das Schwimmen und Baden sind in den Sommermonaten die schönen Strandabschnitte, hier insbesondere Dueodde im Süden, bestens geeignet. Dabei muss erwähnt werden, dass die Ostsee keine sehr hohen Wassertemperaturen generiert und meist schon bei 20 oder 21 Grad die Maximalwerte erreicht sind. Für den quirligen Nachwuchs stellt dies natürlich kein großes Problem dar. Alternativ und in Nebensaisonzeiten lohnt der Besuch eines der drei öffentlichen Schwimmbäder in Rønne, Dueodde und Gudhjem, die teilweise als moderne Wasserwelten konzipiert sind (www.roennesvoemmehal.dk, www.dueodde.dk, www.gudhjemsvoemmehal.dk). Der Freizeitpark Brændesgårdshaven Joboland besitzt ebenfalls eine recht populäre Wasserwelt mit Rutschbahnen und weiteren Attraktionen (www.joboland.dk).

Die Unterwasserwelt von Bornholm erfreut sich bei Tauchern großer Beliebtheit. Auch für das Schnorcheln sind die Küstenbereiche der Insel hervorragend geeignet. Das Wasser der Ostsee ist wegen seines geringen Salzgehaltes besonders klar, sodass die Fels- und Klippenformationen in der Tiefe recht einfach erkundet werden können. Und auch einige Schiffswracks locken zur Inspektion. So das russische U-Boot recht nah vor der Küste bei Vang, ein Segler und ein altes Dampfschiff in Svenskehavn zwischen Årsdale und Nexø oder das chinesische Frachtschiff „Fu Shan Hai", das den unrühmlichen Rekord auf sich verbuchen kann, das größte Exemplar seiner Art in nordeuropäischen Gewässern zu sein. Es liegt vor der nördlichen Küste. Möglichkeiten zum Erlernen des Tauchens sowie Tauchausflüge sind ebenfalls vorhanden (www.diveline.dk).

Windsurfing-Versuche am Strand von Balka (oben), Angeln im Hafen vom Gudhjem (unten).

Wetterfahne in Gudhjem - der Stellenwert des Fischfangs ist auf der Insel nicht zu übersehen.

Insgesamt 27 Häfen stehen für Segelboote und Yachten in Bornholm und auf den Erbseninseln zur Verfügung, von klein, einfach und gemütlich bis groß und geschäftig sind alle mit den wichtigen, notwendigen Einrichtungen für Segelfreunde ausgestattet. Eine entspannte Umrundung Bornholms unter dem Wind ist also problemlos machbar (www.brk.dk/BRK/site.aspx?p=15925). Dies ist im Übrigen auch mit Mietbooten möglich, welche nicht unbedingt mit einem Segel ausgestattet sein müssen. Bei Hesthavens in Boderne können Motorboote und Meerkajaks tage- oder wochenweise gemietet werden, zudem gibt es Angebote für Wasserski, den Verleih von kompletten Ausrüstungen sowie für Touren mit dem Meerkajak (www.bornholm-baadudlejning.dk/?deutsch).

Angeln

Kaum eine Region Dänemarks bietet eine solche Vielfalt an Möglichkeiten für Sport- und Freizeitangler gleichermaßen. Die besten Zeiten für eine erfolgreiche Pirsch auf schwimmendes Getier sind außerhalb des Sommers. Für einige Arten, insbesondere in den Übergangsbereichen der Flussmündungen vom Süß- ins Salzwasser, bestehen bestimmte Schutzzonen und –zeiten. Ein Angelschein ist grundsätzlich erforderlich und kann in den Touristenbüros, bei Postämtern und einigen Tankstellen erworben werden.

Im Inselinneren sind Seen und Teiche, Bäche und Wasserläufe mit einem großen Reichtum an Süßwasserfischen gesegnet. Die Bestände werden sorgsam kontrolliert und gepflegt. Ob Forelle, Zander, Karpfen oder Aal – sie alle können bei der einfachsten, gemütlichsten und vielleicht natürlichsten Form des Angelns, dem Friedfischen gefangen werden. Diese Variante bietet sich auch für Anfänger an. Am Forellensee bei Rønne, bei den Krusegårdseen bei Rutsker und am Stenbrudssøen bei Nexø, alle nach dem Put&Take-Prinzip organisiert, muss man vor Ort eine gesonderte Erlaubnis zum Angeln erwerben.

Sehr beliebt ist das Küstenfischen, bei dem in erster Linie die Jagd auf die Meerforelle gepflegt wird. Angeltouren mit einem Kutter sind von diversen Häfen aus möglich (www.checkpointmarine.dk). In den letzten Jahren nimmt das Trolling

Radfahrer - rechne mit Seitenwind!

an Popularität zu, das aus Amerika nach Skandinavien kam. Diese Form der Schleppfischerei findet auf dem offenen Meer statt und fördert so manchen beeindruckenden Lachs zu Tage. Einige Anbieter offerieren hier Chartertouren sogar mit Fanggarantie (www.listedtrolling.com/de/, www.laksetrolling.dk/html/, www.din-fangst.dk/). Darüber hinaus wird alljährlich Ende April eine Trolling-Meisterschaft veranstaltet.

Radfahren

Mehr als 230 Kilometer umfasst das Radwegenetz von Bornholm, das viele typische Landschaftsformen der skandinavischen Halbinsel auf sich vereinigt, jedoch auf einer überschaubaren Fläche. So eignet sich das Fahrrad als geradewegs ideales Fortbewegungsmittel, um die Perle der Ostsee und ihre Vielfalt zu erkunden. Gleichwohl gilt es immer ein waches Auge auf den Wind und einen Regenschutz im Gepäck zu haben. Dabei wurden die Wege so angelegt, dass kaum auf Straßen sondern vornehmlich auf eigenem Parcours gefahren wird. Fahrradweg Nr. 10 ist der übergeordnete Rundkurs von etwa 105 Kilometern um die gesamte Insel herum. Davon gehen regionale und lokale Wegführungen ab, die leicht zu kombinieren und darüber hinaus sehr gut ausgeschildert sind. Teilweise wurde die alte Bahntrasse der Inseleisenbahn zum Radweg umgewidmet. Vor allem Im Inselnorden geht es zuweilen gehörig rauf und runter, da kann man schon mal außer Puste geraten.

Beinahe jede Ortschaft auf Bornholm verfügt über einen Fahrradverleih, wo auch Zubehör, Taschen und Anhänger zur Miete bereit stehen. Auch Tandems und E-Bikes gehören zum Standard, Mountainbikes eher selten. Im August veranstaltet der Bornholmer Fahrrad Verband das Volksradfahren Bornholm rundt. Mountainbiker finden im Gelände des ehemaligen Steinbruchs südlich von Vang ideale Bedingungen. Zwei Routen im Almindingen-Wald sind den Freunden des Gelände-Fahrrads vorbehalten. Eine davon ist zwar nur 430 Meter lang, aber als extreme Downhill-Tour konzipiert und nur für erfahrene Biker zu empfehlen.

Golf

Obwohl der gepflegte Rasensport zwischen Tee, Fairways und Grün auf Bornholm noch auf keine allzu lange Tradition zurückblickt, besitzt die Insel dennoch eine der größten

Auch ambitionierte Radfahrer (oben) und Golfer kommen auf Bornholm auf ihre Kosten.

Golfanlagen in ganz Dänemark. Wie immer auf Inseln und in Küstennähe wird das Golfspiel nicht selten von steten, manchmal auch kräftigen Winden beeinflusst. Da Golf längst zum dänischen Volkssport avanciert ist, hat es einen weniger elitären Anspruch als in anderen Regionen Europas, wenngleich die Grundsätze der Etikette natürlich einzuhalten sind.

In typischer Landschaft, teilweise mit Blick auf das Kunstmuseum und über das Meer in Richtung Erbseninseln und schwedischer Küste, befinden sich der Rø Golfklub (www.roegolfbane.dk), Nordbornholms Golfklub (www.nbgk.dk) sowie Gudhjems Golfklub (www.gudhjemgolfklub.dk) mit insgesamt 54 Löchern sowie einem kleineren 9-Loch Pay & Play Platz am Ortsrand von Rø. Der Golfklub Nexø liegt unweit des wundervollen Dueodde Strandes und fordert als Links-Kurs auch ambitionierte Golfer mit seiner Küstenlage heraus (www.dueodde-golf.dk). Schließlich verfügt auch die Inselhauptstadt Rønne über eine eigene Anlage, den Bornholm Golfklub. Hier, so heißt es, in der Umgebung eines Naturschutzgebietes mit altem Baumbestand und einigen Plantagen stört der Wind am wenigsten das gepflegte Spiel. Daneben liegt ebenfalls ein Pay & Play Platz, der auch ohne Mitgliedschaft gespielt werden kann (www.bornholmsgolfklub.dk). Auf allen Anlagen gibt es eine Golfschule, die das Erlernen des Spiels und das Auffrischen verblassender Kenntnisse und fehlender Übung ermöglicht. Bei dem großen Golfturnier Bornholm Golf Open für Amateure nehmen jedes Jahr im August bis zu 750 Golfer teil.

Insbesondere in den größeren Orten und bei Campingplätzen und Ferienhausgebieten stehen auch verschiedene Minigolfanlagen für den Familienspaß bereit. Rustikaler ist der neue Trendsport Fussballgolf, das bei Bodilsker gespielt werden kann (www.fodboldgolfbornholm.dk).

Reiten

Bei verschiedenen Bauern- und Reiterhöfen können Pferde für einige Stunden zum Ausflug in die landschaftlichen Schönheiten der Insel gemietet werden. Ungeübte kommen dem besonderen Glücksgefühl auf dem Pferderücken in diversen Reitschulen näher. Wer sich gerne kutschieren lässt und lieber eine ruhige Kugel schiebt, dem seien verschiedene Angebote

Reitbegeisterte finden auf der Trabrennbahn oder bei einem Ausritt Vergnügen.

Wanderer können auf ein gut ausgebautes Wegenetz zurückgreifen.

Bornholm empfohlen oder die ungewöhnliche Pferdestraßenbahn, zuständig für den Nahverkehr in Svaneke. Ein Hauch von Ascot weht zwischen April und Oktober durch den Wald von Almindingen, denn vornehmlich an den Wochenenden lockt die dortige Trabrennbahn zum Sehen und Gesehen werden. Für die Bornholmer ist das der absolute Nationalsport. Wer mag, kann auch gerne ein paar Kronen verwetten (www.bornholmsbrandpark.dk).

Wandern

Der sogenannte nationale Weg schreibt einen Rundweg auch für Wanderer ganz um die Insel Bornholm herum bei einer Gesamtlänge von etwa 105 Kilometern. Unterteilt ist das ausgezeichnet ausgeschilderte Wanderwegnetz (grüne Schilder mit Entfernungsangaben) dann in die regionalen Wege Nr.21 – 26, welche die abkürzenden Querverbindungen zur Hauptroute darstellen. Das unverfälschte und abwechslungsreiche Naturerlebnis, die frische klare Luft, das besondere Klima ist es, das die Wanderer hinaus ins Freie lockt.

Obwohl normalerweise keine großen Höhenunterschiede bewältigt werden müssen, kann die entspannte Wanderung zuweilen zur Trekkingtour ausarten. So gestaltet sich die lokale Wegführung beispielsweise entlang der felsigeren Nord- und Nordwestküste schon einmal als kleinere Kletterpartie. Spannend auch die Durchquerung der geologisch interessanten Täler in der Inselmitte, wie das Ekkodalen, fast 12 Kilometer lang, im weitläufigen Almindinger Waldgebiet, die Expedition per Pedes durch das urige Heidegebiet Hammerknuden im Nordosten, vorbei an Salomon´s Kapelle und Hammerodde Fyr, oder ein Spaziergang durch die hübschen Gassen der Inseldörfer. Wer gerne schneller zu Fuß unterwegs ist, der kann sich an einer der zahlreichen Laufveranstaltungen beteiligen, die bis zum 100 Kilometer-Lauf reichen (www.joggingbornholm.dk).

Komplett durchorganisierte Pauschalreisen, individuelle Touren werden ebenso von Hotels und Veranstaltern angeboten wie ein- oder mehrtägige geführte Wanderungen (www.bornholmsnatur.naturstyrelsen.dk). Dies zu allen Jahreszeiten und, wenn es die Wetterlage erlaubt, sogar mit Langlaufskiern in der Loipe, die in Almindingen gespurt wird. Dann laufen wahrscheinlich auch die drei Skilifte der Bornholmer Skifreunde am Hof Slettegård bei Gudhjem, die Abfahrten von immerhin 250 Metern erlauben (www.bornholmsskivenner.dk).

Extremsportler und Kletterer finden an den Klippen und in den Steinbrüchen ideale Verhältnisse vor, die teilweise organisiert erkundet werden können (www.actiontourbornholm.dk).

Teil 2 – Unterwegs auf Bornholm

Sechs Städte verteilen sich entlang der Küste Bornholms, eine weitere, Aakirkeby, liegt mitten auf der Insel. Das klingt groß, ist es aber nicht wirklich. Rønne als heutiger Hauptort zählt gerade einmal 15.000 Einwohner und vereinigt damit mehr als ein Drittel der gesamten Inselbevölkerung auf sich. Nur Nexø und Aakirkeby halten hier noch mit. Die anderen Orte können mit etwas gutem Willen als große Fischerdörfer bezeichnet werden, denn die Anlage eines Hafens war immer ein guter Grund zu dichterer Besiedlung. Restriktive architektonische Verordnungen auf Bornholm haben verhindert, dass es inselweit weder hässliche Betonklötze noch weithin sichtbare Hochhäuser gibt.

Alle weiteren Ansiedlungen, die auf Bornholm zu finden sind, stellen kleine Weiler oder Dörfchen dar, die sich meist um einen Kirchenbau gruppieren oder aus einer etwas größeren Dichte an Bauernhöfen bestehen. Die ganz kleinen Fischerdörfer sind als Fiskerleje, Fischerlager, bekannt. Sie bieten oft, so wie Melsted, ein wahrhaftiges Puppenstubenambiente direkt am Meer. Teglkås oder Helligpeder verfügen noch über Häuser, die in ihrer Form einem Segel recht ähnlich sehen und solche auch aufzubewahren pflegten.

Allinge

Die Gemeinde im Norden Bornholms wird üblicherweise in einem Atemzug mit dem benachbarten Ort Sandvig genannt, die gemeinsam als touristische Keimzelle der Insel angesehen werden. Ursprünglich jedoch sind sie als durchaus eigenständig zu betrachten. Allinge, das Dorf unter den Erlen, geht zurück auf die Zeit um 1400. Der befestigte Hafen stand den Fischern aber erst 1856 zur Verfügung. Zuvor war gerade die Fischerei bedeutend für den lebhaften Handel im florierenden Netzwerk der Hanse. Nach einer Sturmflut 1872 musste die gesamte Anlage neu eingerichtet werden, Man nutzte diese Gelegenheit und erweiterte den Hafen, was größeren Schiffen das Ansteuern ermöglichte und damit dem organisierten Fremdenverkehr den Weg ebnete. 1900 legten schon die Dampfschiffe aus Deutschland an, Hotels und Ferienunterkünfte entstanden. Heute verkehrt eine Schnellfähre nach

Malerischer Innenhof in Allinge.

Simrishamn in Schweden, starten hier die Ausflugsdampfer zu den Erbseninseln. Eine weitere, kleine Hafenanlage nördlich der Ortes ist für Sportboote vorgesehen.

Leuchtend gelb erstrahlt die Ortskirche von Allinge im Zentrum der Stadt. Den etwas gedrungenen Turm ziert ein charakteristischer Treppengiebel, wie er oft in Dänemark zu sehen ist. Um 1500 stand an diesem Platz die erste Kirche, von der jedoch nach vielen Veränderungen und Umbauten nichts mehr zu sehen ist. Südlich der Allinge Kirke erstreckt sich der älteste Bereich der Stadt mit schmalen Gassen, kleinen Häusern und oft üppigen Gärten. In der Ortsmitte gibt es eine ganze Reihe von Läden und Boutiquen, am Hafen stehen diverse Restaurants zur Wahl. Natürlich ist auch hier eine der typischen Räuchereien angesiedelt.

Am westlichen Ortsrand befindet sich in der Pilegade der russische Friedhof (den russiske kierkegård), auf dem Soldaten beigesetzt wurden, die während der einjährigen Besatzungszeit nach dem 2. Weltkrieg auf Bornholm gestorben sind. Hinter dem Sportstadion lohnen unbedingt die Helleristninger (Felszeichnungen) von Madsebakke

Einladendes Restaurant in Allinge.

Allinge, Felszeichnung von Madsebakke.

einen Besuch. Nirgendwo sonst in Dänemark sind so viele bronzezeitliche Darstellungen zu sehen. Schiffe, Kreuze, Wagen und Räder und einfache Menschenfiguren wurden hier in Stein geritzt. Zwecks besserer Erkennbarkeit bekommen die Malereien von Zeit zu Zeit einen rötlichen Anstrich.

Einen Einblick in die historischen Arbeitsweisen bei der Steinverarbeitung gibt das Moseløkken Arbejdende Stenbrudsmuseum am Moseløkkevej 4. Neben der Besichtigung der Ausstellung kann man auch selbst ausprobieren, wie schwer die Arbeit
in den Steinbrüchen dereinst gewesen ist (www.moseloekken.dk).

Unterkunft:

Byskrivergaarden, Hotel garni, ehemaliger Bauernhof mit gut 20 Zimmern in schöner Lage am Meer, (Løsebækgade 3, DK-3770 Allinge, Tel. 0045 56 48 08 86, www.byskrivergaarden.dk).

Hotel Allinge, Storegade 3-5, DK-3770 Allinge, Tel. 0045 56 48 00 25

Maison du Nord, moderne Apartments, Storegade 4, DK-3770 Allinge, Tel. 0045 20 95 12 53, www.hotel-du-nord.dk,

Im Winter besonders reizvoll: Die Landungsbrücke von Arnager.

Pension Klostergaarden, ältestes Gasthaus Bornholms von 1901, nah an Meer und Strand (Østergade 7, DK-3770 Allinge, Tel. 0045 56 48 01 67, www.pension-klostergaarden.dk)

Pension Næsgaarden, 11 Zimmer bei mit echt „hyggeligem" Ambiente (Løsebækgade 20, DK-3770 Allinge, Tel. 0045 56 48 02 18, www.naesgaarden.dk)

Pension Slægtsgaarden, Fachwerkhaus im alten Ortskern mit zwei Gartenbereichen (Sussi Arvidsen, Slægtsgaarden, Østergade 3, DK-3770 Allinge, Tel. 0045 25 23 17 44, www.slaegtsgaarden.dk)

Tines Gjestehûz, 20 Zimmer, (Strandvejen 49, DK-3770 Allinge, Tel. 0045 56 48 03 33, info@gjestehuz.dk, www.tinesgjestehuz.dk)

Lejrplads Egeløkke, einfacher Zeltplatz, Moseløkkevej 5, DK-3770 Allinge, Tel: 0045 56 48 01 08

Essen und Trinken:

Det Gamle Posthus, Kirkegade 8, DK-3770 Allinge, Tel. 0045 56 48 10 42, , www.detgamleposthusallinge.dk

Restaurant Margeritten, Kirkepladsen 1B, DK-3770. Allinge Tel. 0045 56 48 22 09, www.margeritten.dk

Allinge Røgeri ApS, Sverigesvej 5, DK-3770 Allinge, Tel. 0045 56 48 05 33, , www.allinge-rogeri.dk

Nordbornholms Røgeri ApS, Kæmpestranden 2, DK-3770 Allinge, Tel. 0045 56 48 07 30, www.nbr.dk
Restaurant Sommer, Havnegade 19, DK-3770 Allinge, Tel. 0045 56 48 48 49, www.sommer-mt2.dk
Gæstgiveren, Theaterstræde 2, DK-3770 Allinge, Tel. 0045 56 44 62 30, www.gaestgiveren.dk

Einkaufen (Auswahl):
Bornholmer Butikken, Typisches von Bornholm, Lebensmittel, Kunsthandwerk und Souvenirs, Havnegade 21, DK-3770 Allinge, Tel. 0045 56 96 90 60, www.bornholmerbutikken.dk
Granitten, Havnegade 13, DK-3770 Allinge, Tel. 0045 56 48 12 14, www.granitten.dk
Det Gamle Lysstøberi-Vognporten, Kirkestræde 1B, DK-3770 Allinge, Tel. 0045 56 48 14 29, www.vognporten.dk

Allinge Touristeninformation:
Kirkegade 4, DK-3770 Allinge, Tel. 0045 56 48 64 48

Arnager

Den Hafen des beschaulichen Fischerdörfchens südöstlich von Rønne und des Flughafens dominiert eine lange Holzbrücke, an deren Ende die Fischerboote und Yachten in einem quadratischen Hafenbecken vertäut werden. Sie ist das Wahrzeichen Arnagers und gleichzeitig mit 200 Metern die längste derartige Konstruktion in ganz Dänemark. Ihre Anlage um 1880 auf dem Arnager Riff war notwendig, da der weitläufige Sandstrand und die ständige Versandung den Bau eines konventionellen Hafens nicht zuließen. Im Dorf, die wahrscheinlich älteste Ansiedlung von Fischern auf Bornholm aus dem 16. Jahrhundert, gibt es einige Ferienhäuser- und Wohnungen. Der Strand eignet sich hervorragend für lange Wanderungen. Am Ortseingang liegt ein Ganggrab (Jættestue) direkt in der Einflugschneise.

Unterkunft:
Arnager Badehotel, Louise og Keld Kiel, Arnagervej 18, DK 3700 Rønne, Tel. 0045 27 15 03 36, www.arnager-badehotel.dk

Essen und Trinken:
Røgeri Arnager, Arnagervej 4, DK-3700 Rønne, Tel. 0045 56 97 22 00, www.arnager-rogeri.dk

Einkaufen:
Arnagergård, auch B&B, Varpeløkken 2, DK 3700 Rønne, Tel. 0045 56 96 99 92, www.arnagergaard.dk

Balka

Das Örtchen Balka erfreut sich allgemeiner Beliebtheit wegen eines feinsandigen Strandes in einer langgezogenen Bucht und sehr guter Möglichkeiten für Wassersport. Es ist touristisch sehr gut erschlossen. Neben vielen Ferienhäusern gibt es hier einige Restaurants und Geschäfte. Jedes Jahr im Juli wird in Balka ein Beachvolley-Turnier ausgetragen.

Unterkunft:

Hotel Balkastrand, beheiztes Schwimmbad, Restaurant, Konferenzräume, Boulevarden 9, DK-3770 Nexø, Tel. 0045 56 49 49 49, www.hotelbalkastrand.dk

Strandhotel Balka Søbad, Vestre Strandvej 25, DK-3770 Nexø, Tel. 0045 56 95 35 00, www.hotel-balkasoebad.dk

Essen und Trinken:

Weekendhytten Café, Boulevarden 14, DK-3730 Nexø, Tel: 0045 56 49 25 24, www.weekendhytten.dk

Boderne

Einige kleine, rote Holzhäuser sind Markenzeichen und Namensgeber des idyllischen Hafens von Boderne im Inselsüden, der nur von den lokalen Fischern genutzt wird. Ursprünglich lag in der Nähe einmal der Hafen von Aakirkeby, doch wurde dieser aufgegeben, weil es zu mühselig war, gegen die permanente Versandung anzukämpfen. Dieser Sand wird nun von Familien sehr geschätzt, weil er für einen wunderbaren Strandurlaub beste Voraussetzungen bietet. Ein Café, ein Hotel, einige Ferienhäuser und das bekannte Modegeschäft von Pia Stæremose, das sind die Zutaten für ein entspanntes Ferienerlebnis. Die südlich gelegene Landzunge Raghammer Odde wird zeitweise für militärische Übungen genutzt und darf nicht betreten werden.

Unterkunft:

Strandhotel Boderne, Jugendherberge, 20 Zimmer, Boderne 1, DK-3720 Aakirkeby, Tel. 0045 56 97 49 33, www.rosengaarden.dk/

Einkaufen:

Pia Stæremose, Boderne 2, DK-3720 Aakirkeby, Tel. 0045 56 97 42 26, www.scandicwear.com

Bølshavn

Klein und verträumt liegt das Fischerdörfchen Bølshavn an der Nordostküste der Insel. Der felsige Küstenstreifen in dieser Region be-

Ferienidyll in Balka (oben) und der gemütliche kleine Hafen von Boderne (unten).

29

dingt im Kontrast zu den Strandgebieten im Süden eher einen Kieselstrand, der zum Baden nicht mehr ganz so gut geeignet ist. Dennoch oder gerade deshalb bietet Bølshavn mit seinen typischen Fischerhäuschen eine sehr entspannte Atmosphäre. An der Straße in Richtung Listed und Svaneke steht eine kleine Gruppe von Bautasteinen. Der größte wird als Hellig Kvinde (Heilige Frau) bezeichnet. Die kleineren darum herum sind der Sage nach ihre Kinder. Um drohender Gefahr zu entgehen wurden sie von den Göttern versteinert, aber später dann wohl vergessen...

Speziell an die Wünsche und Vorlieben der Kinder dachte Bauer Ipsen bereits im Jahr 1901. Er kaufte den Hof Brændesgård auf halbem Wege zwischen Østermarie und Svaneke und richtete dort einen Park mit großem Spielplatz ein. Daraus wurde gut 30 Jahre später der Brændesgårdshaven. Das Konzept des Freizeitparks für die ganze Familie lag zu Beginn mehr auf dem unaufgeregten Spielerlebnis ohne Stress, Hektik und Lärm. Die Anlage gedieh schnell zu einem Kassenschlager, die Besucher genossen gern die vielfältigen Möglichkeiten zur Erholung, sahen sich den Tierpark an und schwelgten in der bunten Viel-

Bølshavn, Hellig Kvinde.

Strandvergnügen bei Dueodde.

falt der Blumen und Blüten. Gemütlich ist es hier immer noch, doch mit Umbenennung in Joboland gesellten sich nun auch moderne Fahrgeschäfte und Erlebniswelten hinzu (Højevejen 4, DK-3740 Svaneke, Tel. 0045 56 49 60 76, www.joboland.dk).

Unterkunft:

Pension Bølshavn, Bølshavn 9, DK-3740 Svaneke, Tel. 0045 56 49 61 21, www.pension-boelshavn.de

Essen und Trinken:

Louisekroen, Bølshavn 22, DK-3740 Svaneke, Tel. 0045 56 49 62 03

Det Gamle Dukkehus, Bølshavn 9, DK-3740 Svaneke, Tel. 0045 56 44 33 61,

Dueodde

Einer der schönsten Strände Europas ist das weitläufige Dünengebiet um die Südspitze Bornholms, aus welcher der schlanke, 47 Meter hohe Leuchtturm Dueodde Fyr als deutliche Landmarke herausragt. Aus luftiger Höhe (196 Stufen laut Schild, kein Lift) bietet sich eine fantastische Aussicht über die zahllosen Sanddünen und den fast weißen, feinen Strand. Das riesige Gebiet wurde schon 1936 unter Schutz gestellt, den Naturgewalten freie Hand gelassen bei der Gestaltung der von Touristen so sehr geliebten Gestade. Eine nie genutzte und nicht fertiggestellte Bunkeranlage der deutschen Besatzungsmacht, getarnt im Kiefernhain, dient als Ausflugsziel für Wanderer.

Ein Dorf im eigentlichen Sinne gibt es hier nicht, dafür eine riesige Ferienhauskolonie mit der Siedlung Sommerodde, die sich hinter dem breiten Dünengürtel unter einem dichten Bestand an knorrigen Kiefern ausbreitet. Hinzu kommen ein paar Hotels sowie einige Ausflugslokale, Kioske und Campingplätze. Einziger Wermutstropfen des paradiesischen Strandes: der Weg von Parkplatz oder Ferienhaus bis an die Wasserlinie ist ganz schön weit. Dafür werden die Fußsohlen vom feinen, quarzhaltigen Sand aufs Angenehmste massiert. Und selbst bei vielen Besuchern am warmen Sommertag wirkt der Strand keineswegs überfüllt.

Unterkunft:

Dueodde Badehotel, Apartments, Sirenevej 2, DK-3730 Nexø, Tel: 0045 56 48 86 49, www.dueodde-badehotel.dk

Møllers Dueodde Camping, Duegårdsvej 2, DK-3770 Nexø, Tel. 0045 56 48 81 49, www.dueodde-camp.dk

Dueodde Familiecamping & Hostel, Camping, Jugendherberge, Skrokkegaardsvejen 17, DK-3770 Nexø, Tel. 0045 20 14 68 49, www.dueodde.dk

Bornholms Familiecamping, Krogegårdsvejen 2, DK-3770 Nexø, Tel. 0045 56 48 81 50, www.bornholms-familiecamping.dk

Ertholmene

Sieben Eilande umfasst das kleine Schärenarchipel Ertholmene (Erbseninseln), das dann wirklich den östlichsten Punkt Dänemarks darstellt. Genauer, das Inselchen Østerskær ist es. Unbewohnt wie seine felsigen Schwestern Tat, Lilleø, Tyveskær, Præsteskær und Vesterskær. Græsholm, die Grasinsel, kann zumindest eine stolze Vogelpopulation aufweisen, darf nicht betreten werden und steht entsprechend unter Schutz. Die Größere der beiden bewohnten Inseln des Schärenarchipels ist Christiansø, benannt nach König Christian V. Der Monarch ließ 1684 hier und auf dem kleineren, benachbarten Frederiksø eine Befestigung zum militärischen Schutz Bornholms vor möglichen Übergriffen aus Schwe-

Frederiksø, Lille Tårn.

den errichten. Tatsächlich hatte der Flottenstützpunkt aber nur eine einzige richtige Bewährungsprobe zu überstehen, als nämlich 1808 die Engländer angriffen und sich bei dieser Gelegenheit herausstellte, dass die Festung keinen ausreichenden Schutz mehr bot. Die Invasoren eroberten die Inseln nicht, sondern zogen einfach ab. Dies tat auch der letzte Soldat im Sommer 1863, nachdem bereits acht Jahre zuvor die Festung aufgegeben worden war.

Es blieben die charakteristischen, langgestreckten Kasernenanlagen und die kleinen, malerischen Häuser der stationierten Soldaten und Offiziere. Da sie sich auf ihrem Posten langweilten, 114 Krieger sowie Personal waren stationiert, begannen sie mit der Fischerei und bescheidener Landwirtschaft. Viele blieben nach der Aufgabe der Festung, andere kehrten dorthin zurück. Obwohl die Krume sehr dünn war, gelang ihnen die Aufzucht so mancher botanischer Rarität. Maulbeerbäume genossen das fast mediterrane Mikroklima zwischen Ostsee, Felsen und wärmespendenden Gebäuden. Eine Episode blieb die zeitweilige Einrichtung eines Gefängnisses, in das Staatsfeinde verbannt wurden.

Politisch sind die Erbseninseln noch immer direkt dem dänischen Staat bzw. dem Verteidigungsministerium unterstellt. Bisher hat keine Gemeinde Bornholms Bereitschaft gezeigt, die Verwaltungsaufgaben für den kleinen Archipel zu übernehmen. Selbstbewusst kokettieren die Insulaner gerne mit ihrer Eigenständigkeit und ihrer verschworenen Gemeinschaft, die speziell während des Sommers von Besucherströmen heimgesucht wird. Mit stoischer Gelassenheit erwarten sie ihre Gäste und taxieren diese aus der Höhe der Gæstgiveri, des einzigen Restaurantbetriebes von Christiansø, wenn diese ihr schwankendes Gefährt verlassen. Und sie winken freundlich und erleichtert, wenn das Schiff vier Stunden später wieder ablegt, denn dann kehrt die gewohnte und geliebte Ruhe zurück.

Zusätzlich zur ganzjährigen Verbindung von Gudhjem aus, starten die Ausflugsdampfer während des Sommers auch in Allinge. Autos gibt es auf der Insel, auf der knapp 100 Menschen permanent leben, ebenso wenig wie Hunde oder Katzen. Die Dorfbewohner benutzen mittlerweile auch Fahrräder. Nur ein einzelner Traktor steht für komplizierte Transportaufgaben zur

Am Hafen von Christiansø (oben und unten).

R. 212
SE 16

Verfügung. Schon seit mehr als 150 Jahren dürfen keine neuen Häuser mehr gebaut werden. Gestattet ist lediglich der Neubau auf einem schon vorhandenen Fundament.

Ein jeder Tagesgast landet an in dem engen, jedoch ungewöhnlich tiefen Hafenbecken zwischen Christansø und Frederiksø. Eine schmale, 30 Meter lange Fußgängerbrücke verbindet die beiden Inseln miteinander. Sie gerät mitunter in Schwingungen, wenn sich zu viele Personen zeitgleich auf ihr befinden, darum mahnt ein entsprechendes Schild an jedem Zugang zu Vor- und Rücksicht. Über der Brückenmitte prangt goldig und blau eine schmiedeeiserne dänische Krone.

Kaum vier Hektar umfasst die Fläche Fredriksøs, die an ihrer Nordseite vom wuchtigen alten Festungsturm Lille Tårn dominiert wird. Hier ist das lokale Heimatmuseum angesiedelt, das einen Einblick in die vor allen Dingen militärisch geprägte Geschichte der Inselgruppe gewährt. Präsentiert wird ein buntes Sammelsurium aus Hinterlassenschaften und Zeugnissen der früheren Bewohner sowie Gegenständen, die mehr oder weniger unmittelbar mit den Kriegswirren zu tun haben. Zu sehen sind zudem viele ausgestopfte Vögel in der Naturkundeabteilung. Deren quicklebendige Verwandte können von hier aus mit dem Feldstecher auf der nahen Vogelschutzschäre Græsholm beobachtet werden. Das ehemalige Gefängnis ist heute ein normales Wohnhaus mit üppigem Garten. Um Spanns und Tordenskjolds Batteri, die im südlichen Teil liegen, befinden sich die Werkstätten der örtlichen Handwerker. Auffällig recken sich die schlanken Schornsteine der Räuchereien in den Himmel. Schottische Kriegssöldner brachten einst die Idee des Garens von Fisch über glimmendem Erlenreisig mit hierher. Allerdings dürfte das Verfahren damals eine Spur rustikaler gewesen sein. In den Verschlägen der ehemaligen Kanonenbootschuppen sind Verkaufsstände für die lokale Fischspezialität, den eingelegten Hering Christiansøsild, untergebracht. Aber auch viele andere Souvenirs kann man hier käuflich erwerben.

Christiansø bietet gut fünfmal so viel Fläche und demzufolge dauert die gemütliche Wanderung rundherum schon etwas länger. Der mächtige Store Tårn, einst Herzstück der gesamten Befestigungsanlage, überragt den gesamten

Christiansø, Kaserne.

Archipel. Schon seit 1805 wechselte seine Bestimmung vom Wach- zum Leuchtturm. Von seinem Dach bietet sich eine wunderbare Aussicht über die Erbseninseln bis hinüber ins 18 Kilometer entfernte Bornholm und bei klarer Sicht auch bis an die schwedische Küste. Gleich nebenan steht das weiß getünchte Gotteshaus der Insel, in dem bis 1852 Waffen geschmiedet wurden, bevor es in den Kirchendienst ging. Der massive Glockenturm mit Fachwerk gesellte sich 1927 dazu.

Optisch dominanter Höhepunkt ist die Kopfsteinpflaster-Gasse mit den beiden leuchtend gelben, zweistöckigen und langgestreckten Kasernengebäuden. Sie liegen wie nahezu alle Bauten auf Christiansø im westlichen Teil der Insel. Dahinter erstrecken sich die Gärten und befinden sich die kleinen, aber sehr massiv aus Bornholmer Granitgestein gebauten Häuser mit den charakteristischen schwarz geteerten Giebeln. Ein Spazierweg führt einmal um die Insel herum, teilweise entlang der Befestigungslinie, an der die pechschwarzen Kanonen als Reminiszenz an die militärische Historie mehr pittoresk als bedrohlich zum Meer hin ausgerichtet sind. Den Küstenstreifen ganz im Norden nennen die Insulaner das

kleine Ende der Welt. Die Gæstgiveri ist das einzige Lokal der Inseln und meist nah an der Kapazitätsgrenze, wenn die Ausflugsgäste alle gleichzeitig das Ausschwärmen beendet haben und die Ruhe bei einer Tasse Kaffee und einem Stück Wienerbrød genießen möchten. In dem ebenfalls gelben Haus unter Schatten spendendem Schutz einiger hoher Bäume können Übernachtungsgäste in sechs Zimmern untergebracht werden (Christiansø Gæstgiveri, Tel. 0045 56 46 20 15, www.christiansoekro.dk). Gleichzeitig gibt es hier Möglichkeiten zum Einkauf von Lebensmitteln und wird die Belegung für den einfachen Campingplatz organisiert (Tel. 0045 24 42 12 22, www.christiansoeteltplads.dk). Für beide Unterkünfte empfiehlt sich unbedingt eine rechtzeitige Vorausbuchung. Es ist ein ganz besonderes Erlebnis einen Abend, eine Nacht in dieser einzigartigen Inselatmosphäre zu verbringen. Diese faszinierte schon immer Künstler und Kunstschaffende, die sich hier immer wieder auch für längere Zeiträume niederlassen. Gleiches macht auch die Seehundkolonie auf Tat, die inzwischen eine Population von gut 100 Tieren erreicht hat.

Am Hafen von Frederiksø.

Viel Sehenswertes bietet das Gudhjem Museum.

Anreise: Während des ganzen Jahres verkehrt die Reederei Christiansøfarten/Bornholmexpress täglich von Gudhjem nach Christiansø. Die Überfahrt mit dem alten Postschiff M/S Peter dauert etwa eine Stunde. Schneller unterwegs ist der moderne HSC Bornholm Express, der von Allinge aus in 40 Minuten sein Ziel erreicht. Drittes Schiff im Bunde ist die M/S Ertholm, die auf beiden Routen zum Einsatz kommt. (Tel. 0045 56 48 51 76, www.bornholmexpress.dk). Grundsätzlich sei angemerkt, dass die Dünung bei der Überfahrt, das Schaukeln des Schiffes, durchaus etwas heftiger sein kann.

Gudhjem

Charmant, besonders, ein bisschen anders – das ist Gudhjem, das Heim Gottes. Umschlossen auf der einen Seite von Felsen des Bokulberges, zum Meer hin weit geöffnet, liegt das Städtchen von knapp 900 Einwohnern, das keine Stadtrechte besitzt, exakt auf dem 15. Längengrad. Damit steht die Sonne um 12 Uhr mittags präzise senkrecht über Bornholm, was die stolzen Bornholmer dann gleich eher von der Gudhjemer Zeit sprechen lässt. Es war hier, wo die Kunde vom goldgeräucherten Hering erstmals die Insel erreichte. Es war und ist hier, wo das Licht noch eine Spur intensiver wirkt. Jeder Künstler, jeder Maler kommt genau aus diesem Grund nach Gudhjem. Und dann gibt es da die einzige Serpentinenstrecke Dänemarks, die nach alpinem Vorbild von Schweizer Straßenbauern ausgeführt worden sein soll. Sie bzw. das starke Gefälle ist der Grund, warum Radfahrer die Abfahrt in die Stadt nur zu Fuß und schiebenderweise vornehmen dürfen.

Als ältester Handelsplatz verfügt Gudhjem über zwei Häfen und zudem die erste Räucherei der Insel, die 1866 eingerichtet wurde. Es gab Zeiten, da waren nicht weniger als 25 Stück davon in Betrieb. Viele Schornsteine ragen noch über die Hausdächer hinaus. Nicht nur während des Sommers gehört Gudhjem zu den atmosphärischsten Ausflugszielen Bornholms. Nirgendwo kommt mediterranes Flair so deutlich zum Ausdruck. Der Maler Oluf Høst, neben Zahrtmann wohl berühmtester Vertreter seiner Zunft, wechselte gerade deshalb seinen Wohnort von Svaneke hierher. Atelier und Wohnhaus sind nun als Museum eingerichtet (Løkkegade 35, DK-3740 Gudhjem, www.ohmus.dk). Mit der Heimatgeschichte setzt sich das Gudhjem Museum im ehemaligen Bahnhof oberhalb des Stadtkerns nahe der Windmühle auseinander (Stationsvej, DK-3760 Gudhjem, Tel. 0045 56 48 54 62 www.bornholmsmuseer.dk/gudhjem/index.html).

Besonders traditionell geht es im südlichen, lauschigen Nachbardorf Melsted zu. In einem historischen gelbschwarzen, vierkantigen Fachwerkbauernhof befindet sich das Landwirtschaftsmuseum (Landbrugsmuseum Melstedgård), das als lebendiges Museum alte bäuerliche Kulturen im Jahresablauf pflegt. Gegenüber des Hofes steht die alte, hübsch restaurierte Bockwindmühle. Das hölzerne Bauwerk stammt ursprünglich aus Årsballe, wurde um 1850 nach Tejn geschafft und gelangte letztlich an seinen heutigen Standort. An vielen Sommerwochenenden geben sich in typischer Tracht gekleidete Volkstanzgruppen ein meist umjubeltes Stelldichein. Melstedgård war der erste dänische Bauernhof der bereits im Jahr 1950 unter Denkmalschutz gestellt wurde (Melstedvej 25, DK-3760 Gudhjem, Tel. 0045 56 48 55 98, www.bornholmsmuseer.dk/melstedg).

Unterkunft:
Hotel Gudhjem, Brøddegade 29, DK-3760 Gudhjem, Tel. 0045 56 48

Gudhjem bei strahlendem Sonnenschein.

22 Neksø 158

53 50, www.hotelgudhjem.dk
Hotel Klippen K/S, Grevens Dal 50, DK-3760 Gudhjem, Tel. 0045 56 44 32 22, www.hotelklippen.dk
Melsted Badehotel, Melstedvej 27, DK-3760 Gudhjem, Tel. 0045 56 48 51 00, www.melsted-badehotel.dk
Pension Koch, Melstedvej 15, DK-3760 Gudhjem, Tel. 0045 56 48 50 72, www.pensionkoch.dk
Danhostel Gudhjem/Therns Hotel, Jugendherberge, Løkkegade 7, DK-3760 Gudhjem, Tel. 0045 56 48 50 32, www.danhostel-gudhjem.dk
Gudhjem Camping, Melsted Langgade 45, DK-3760 Gudhjem, Tel. 0045 56 48 50 71, www.slettenscamping.dk
Sannes Familiecamping ApS, Melstedvej 39, Melsted, DK-3760 Gudhjem, Tel. 0045 56 48 52 11, www.familiecamping.dk
Lejrplade Slettegaard, einfacher Zeltplatz, Gudhjemvej 35, DK-3760 Gudhjem, Tel: 0045 49 50 28,

Essen und Trinken:

Restaurant Bassing´s v/Bokulhus, Bokulvej 4, DK-3760 Gudhjem, Tel. 0045 56 48 52 97, www.bassingsbokulhus.dk
Restaurant Brøddan, Brøddegade 20, DK-3760 Gudhjem, Tel. 0045 56 48 50 22, www.broddan.dk
Restaurant Kofoed, Melstedvej 27, DK-3760 Gudhjem, Tel. 0045 56 48 51 00, www.restaurant-kofoed.dk
Gudhjem Røgeri, Einar Mikkelsensvej 9, DK-3760 Gudhjem, Tel. 0045 56 48 52 08, www.smokedfish.dk
Café Klint, Ejnar Mikkelsensvej 20, DK-3760 Gudhjem, Tel. 0045 56 48 56 26, www.cafe-gudhjem.com
BECH Chokolade, Ejnar Mikkelsensvej 19, DK-3760 Gudhjem, Tel. 0045 56 48060 08, http://www.smokedfish.dk/
Café Povianten, Ejnar Mikkelsensvej 28, DK-3760 Gudhjem, Tel. 0045 40 76 81 98

Einkaufen (Auswahl):

Karamel Kompagniet, Herstellung und Verkauf von Karamelbonbons, Holkavej 2, DK-3770 Gudhjem, Tel. 0045 56 44 22 55, www.karamelkompagniet.dk
Gudhjem Glasrøgeri, Ejnar Mikkelsensvej 13A, DK-3760 Gudhjem, Tel. 0045 56 48 54 68, www.gudhjemglasroegeri.dk
Bech Chokolade, Einar Mikkelsensvej 19, DK-3760 Gudhjem, Tel. 0045 56 48 60 08,
Bornholmerbutikken, Møllebakken 4C, DK-3760 Gudhjem, Tel. 0045 56 97 00 76, www.gudhjemmoelle.dk
Victoria Glas, Einar Mikkelsensvej 16B, DK-3760 Gudhjem, Tel. 0045 56 48 55 89, www.victoriaglas.dk
Baltic Sea Glass, Melstedvej 47, DK-

Auf dem Melstedegård geht`s rund.

GRØNBECHS GÅRD
BORNHOLMS CENTER FOR KUNSTHÅNDVÆRK
GRØNBECHS GÅRD
KUNST
HÅND
VÆRK
STED

3760 Gudhjem, Tel. 0045 56 48 56 41, www.balticseaglass.com

Gudhjem Touristeninformation: Åbogade 9, DK-3760 Gudhjem, Tel. 0045 56 48 52 10 (Juni - September)

Hasle

Das kleine Städtchen im Norden der Inselhauptstadt Rønne versprüht einen eher spröden Charme. In nüchterner Beschaulichkeit mischen sich niedliche Fachwerkhäuser mit moderner dörflicher, zweckgebundener Architektur. Dennoch war Hasle für die Geschichte Bornholms von höchster Bedeutung: im Rathaus am Torvet organisierte sich nämlich 1658 der Widerstand gegen die schwedische Besatzung. Ein Gedenkstein erinnert dort heute an das wichtige Ereignis. Recht niedlich präsentiert sich die Kirche des Ortes, deren ältester Teil, das Langschiff, aus dem 14. Jahrhundert stammt. Sehr hübsch auch das aufgesetzte, quadratische Fachwerktürmchen. Auf dem umgebenden Friedhof ist das Grab des berühmten dänischen Tenors Vilhelm Herold (1865-1937) zu finden. Dem begnadeten, in Hasle geborenen Sänger widmet sich eine kleine Ausstellung in der Ortsbibliothek in der Kirkegade.

Kunst- und Kulturzentrum Grønbechs Gård in Hasle.

Bekannt ist Hasle jedoch vor allen Dingen wegen seiner großen Räucherei, die südlich des erst zu Beginn des 19. Jahrhunderts eingerichteten Hafens liegt. Fischerei und die Verschiffung des in der Umgebung abgebauten und verarbeiteten Tons sorgten für eine florierende Wirtschaft. Später kam auch ein Bereich für Freizeitschiffe hinzu, jedoch wirkte die gesamte Anlage etwas gesichtslos. Darum entstand in jüngster Vergangenheit die Ferienhausanlage Hasle Marina. Imposanter die Räucherei. Gebaut 1897 gab es gleich fünf fischverarbeitende Stätten nebeneinander. Eine davon wurde als Museumsräucherei wieder in der authentischen Ansicht ihrer Entstehungszeit ausgestaltet.

Der Genuss goldgelb geräucherter Bornholmer Heringe an der frischen Luft ist hier ein ganz besonderes kulinarisches Vergnügen. Jedes Jahr im Juli wird das Heringsfest ausgerichtet. Der Nordhafen ist mittlerweile von einer großen Ferienhaussiedlung umgeben.

Südlich von Hasle erstreckt sich ein schönes Waldgebiet für entspannte Wanderungen, gen Norden beginnt

Alarm 112
Teglkåsvej 3
3790 Hasle
HAVN

die felsige Klippenküste. Auch der Strand des Ortes gilt noch ein wenig als Geheimtipp. An der Hauptstraße etwas östlich von Hasle steht Dänemarks größter Runenstein, der Brogårdsstenen. Der Stein diente 1868 als Deckstein einer Brücke über den Bagå-Bach, wurde aber bald versetzt und gelangte schließlich 1965 an seinen jetzigen Standort.

Unterkunft:
Hotel Herold, oberhalb des Hafens, Vestergade 65, DK 3790 Hasle, Tel. 0045 56 96 40 24, www.hotelherold.dk
Danhostel Hasle, Jugendherberge, Fælledvej 30, DK-3790 Hasle, Tel. 0045 56 94 53 00, www.danhostel-hasle.dk
Hasle Camping, Fælledvej 30, DK-3790 Hasle, Tel. 0045 56 94 53 00, www.hasle-camping.dk

Essen und Trinken:
Hasle Røgeri, Søndre Bæk 20, DK-3790 Hasle, Tel. 0045 56 96 20 02, www.hasleroegeri.dk

Einkaufen (Auswahl):
Galleri Annabella, Schmuck, Bücher und Kunsthandwerk, Storegade 78, DK-3790 Hasle, Tel. 0045 56 44 60 30, www.haristios.asak.dk
Galleri Ib Helge, Malerei, Steinkunst, Bæla 4, DK-3760 Hasle, Tel 0045 56 96 47 86, www.ibhelge.dk
Grønbechs Gård, Kunsthandwerker- und Ausstellungszentrum, Grønbechs Gård 2-6. DK-3795 Hasle, Tel. 0045 56 96 18 70, www.groenbechsgaard.dk

Hasle Touristeninformation:
Havnegade 1, DK-3790 Hasle, Tel. 0045 56 96 44 81, (Mai-Oktober)

Helligpeder

Ein knappes Dutzend Häuser und ein malerisches Hafenbecken sind die einfachen Zutaten für das verschlafene Örtchen Helligpeder, das sich wie sein nördlicher Nachbar Teglkås an den Hang über der Felskante schmiegt. Ungewöhnliches Naturphänomen, hier wie dort, ist das Schilfrohr, das es tatsächlich schafft bis ins Meer hinaus zu wachsen.

Klemensker

Im mittleren Westen Bornholms liegt die kleine Ortschaft Klemensker. Hier steht mit der Klemenskirke eines von den Gotteshäusern, die ähnlich wie auch in verschiedenen Kirchspielen auf der Insel im 19. Jahrhundert errichtet wurden. Im eher nüchtern gehaltenen Inneren der Kirche befindet sich eine

Helligpeder ist geprägt durch maritimen Charme.

Bornholmer Standuhr aus dem Jahr 1795. Der Klemens Kro ist der einzige Landgasthof Bornholms (www.klemenskro.dk). Kunsthandwerk und Mode sind in Fredsminde bei Unika Design (Aagaardsvej 26, DK-3782 Klemensker, Tel. 0045 30 32 70 36) zu finden, während die Christiania Smedie Cykelfabrikken mit Stolz darauf verweisen die kleinste Fahrradfabrik der Insel zu sein. Der ausgelagerte Ableger der alternativen Kopenhagener Manufaktur stellt die typischen, dänischen Transportfahrräder her (Dammegårdsvej 22, DK-3782 Klemensker, Tel. 0045 56 96 67 00). Schon im Jahr 1950 begann die Handelsmeierei St.Clemens mit der Herstellung von Käse aus Biomilch. Viele unterschiedliche Sorten befinden sich jetzt im Angebot. Sie kann besichtigt werden (www.stclemens.dk).

Listed

Kleines, gut bewahrtes Fischerdorf mit Räucherei westlich von Svaneke, das über eine erstaunlich große Hafenanlage verfügt, die auch von Yachten nutzen. Von hier aus starten Trolling-Touren (www.listedtrolling.com). Hinter den oft strohgedeckten Fachwerkhäusern umgeben von gepflegten Gärten mit üppigem Blumenschmuck spenden hohe Bäume Schatten. Listed hat regionale Berühmtheit wegen seiner besonders knackigen Kirschen und des Kunsthandwerks. Südwestlich des Ortes steht die kleine, aber wohlbewahrte Windmühle Kuremølle im holländischen Stil, die während des Sommers besichtigt werden kann (www.kuremoellen.dk).

Einkaufen:

Guldsmed Sebastian Frost, Strandstien 1 A, DK-3740 Listed, Tel. 0045 20 22 53 05, www.sebastianfrost.dk

Lov I Listed, Keramik, Kunsthandwerk, Hans Thygesensvej 27, DK-3740 Svaneke, Tel. 0045 56 44 55 30 99, www.lovilisted.dk

Nexø

Die zweitgrößte Stadt Bornholms verfügt zwar über den größten Hafen der Insel, jedoch fehlt ihr beim flüchtigen Ansehen der gemütliche Inselcharme. Der zweite Blick offenbart dann doch durchaus Sehenswertes, das zu entdecken lohnt. Im Besitz der Stadtrechte schon seit 1346 musste Nexø über die Jahrhunderte immer wieder schwere Schicksalsschläge hinnehmen. Letztmalig an den beiden Tagen im Mai, als das russische Bombardement nach Kriegsende große

Die Kuremølle in Listed.

Teile der Stadt in Schutt und Asche legte. Die Zerstörungen waren so stark, dass aus Schweden Hilfe heran geschafft wurde in Form von 75 Holzhäusern, die als Notunterkünfte dienten. Viele davon sind noch heute bewohnt (Svenskebyen). Die wenigen alten Häuser, die erhalten blieben, sind in den Gassen zwischen Kirche und Marktplatz (Torvet) zu finden.

Das Nexø trotzdem weltweite Bekanntheit besitzt, verdankt es Pelle, dem Eroberer. Der Autor dieses erfolgreich verfilmten Romans, Martin Andersen, wuchs in einem Häuschen im Süden des Ortes heran und lebte dort von 1877 bis 1891, bevor er im Alter von 22 Jahren die Insel wieder verließ. Seine Werke fangen in unvergleichlicher Weise den unbarmherzigen Kampf der Fischer um das tägliche Brot ein. Weil seine Jugendzeit so bedeutend für ihn war, nahm er den Namen Nexø an. Im Haus an der Ferskesøstræde findet sich eine Sammlung mit Schriften und persönlichen Dokumenten des Autors (Andersen Nexøs Mindestue, Ferskesøstræde 36, DK-3730 Nexø, www.andersennexoe.dk). Eine Büste, zum 100. Geburtstag im angrenzenden Park aufgestellt, steht mittlerweile direkt vor dem Haus. Am anderen Ende des Stadtparks befindet sich des Teufels Kegelbahn (Fandens Kegelbane). So wird ein mächtiger Findling aus der Bronzezeit bezeichnet, der neben Steinzeichnungen 17 ungewöhnliche Vertiefungen aufweist.

Aus dem ehemaligen Gerichtsgebäude und späteren Hafenspeicher an der Strandgade entstand 1969 das Nexø Museum, das sich mit der Heimatgeschichte, mit den Dramen von 1945 und schwerpunktmäßig mit Seefahrt und Fischerei beschäftigt (Havnen 3, DK-3730 Nexø, www.nexoemuseum.dk). Die wichtigen Daten der Stadtgeschichte dokumentiert stenografisch auch der Brunnen am Torvet. Mit der Geschichte der Eisenbahn beschäftigt sich das Museum der regionalen Bahngesellschaft DBJ am Nordhafen (www.dbj.dk). Dort liegt auch der rudimentäre Rumpf der Bark Svanen im Trockendock. Das 150 Jahre alte Schiff soll authentisch wieder aufgebaut werden. Am westlichen Stadtrand wurde vor einigen Jahren ein exotisches Schmetterlingshaus (Sommerfuglepark) mit tropischen Pflanzen für all jene eingerichtet, denen die heimische Insektenwelt nicht vielfältig genug ist (Gl.Rønnevej 14, DK-3730 Nexø, www.sommerfugleparken.dk).

An der Bodilskirche, die wenige Kilometer westlich der Stadt auf einer Anhöhe steht, hat sich eine histo-

Schmetterlingspark in Nexø.

risch nicht eindeutig belegbare Begebenheit abgespielt: der Teufel höchstpersönlich warf nämlich mit seinem Hut nach dem Ortspfarrer, weil er mit dessen Predigten oder dem Lärm der Kirchenglocken nicht einverstanden war. Der Geistliche rettete sich hinter die Kirchenmauer, der Filz prallte an die Außenwand des Glockenturms. Dort ist er noch heute zu sehen. Auf dem Besuchsbauernhof Dalshøj, der traditionelle Landwirtschaft präsentiert, gibt es die Möglichkeit, den Trendsport Fussballgolf auszuüben.

Unterkunft:

Nexø Hostel, Gl.Rønnevej 17a, DK-3730 Nexø, Tel. 0045 70 22 08 98, www.nexohostel.dk

Nexø Familiecamping, Stenbrudsvej 26, DK-3730 Nexø, Tel. 0045 56 49 27 21, www.nexocamp.dk

Essen und Trinken:

Delikatessen, Toldbodgade 3, DK-3730 Nexø, Tel. 0045 56 49 41 52, www.den-gyldne-hane.dk

Jantzens Fristelser, Havnen 2, DK-3730 Nexø, Tel. 0045 56 49 20 90, www.jantzensfristelser.dk

Sandra´s I/S, Hovedgade 14, DK-3730 Nexø, Tel. 0045 56 48 82 66,

Einkaufen (Auswahl):

Bornholms Kunsthandel Poulsker,

Kannikegårdsvej 54, DK-3730 Nexø, Tel: 0045 30 24 44 42
HEKA-Stentøj, Årsdalevej 15, DK-3730 Nexø, Tel: 0045 56 49 26 58,

Nexø-Dueodde Touristeninformation:
Sdr. Hammer 2A, DK-3730 Nexø, Tel. 0045 56 49 70 79

Nyker

Die Gemeinde Nyker im Westen Bornholms wäre ein eher unscheinbares Dorf, stünde hier nicht eine der vier charakteristischen Rundkirchen. Im noch erhaltenen sakralen Quartett ist die Nykirke die kleinste und mit ihrer Errichtung im 12. Jahrhundert wohl jüngste ihrer Art. Sie verfügt nur über zwei Stockwerke und fungierte vermutlich nie als Wehrturm. Möglicherweise hatte man sie gar nicht fertiggestellt. Am Eingang befindet sich ein Runenstein mit Inschrift und die tragende Mittelsäule ist mit Fresken versehen, die den Leidensweg Christi darstellen. Aus Nyker stammt die lokale Spezialität økologisk Nyker Knækbrød. Das Knäckebrot wird in verschiedenen Varianten angeboten. Bereits vor mehr als 110 Jahren begann die Bäckerei ihre Produktion am Ort (www.nykerbrod.dk). Jedes Jahr richtet der Ort an zwei Tagen im August den Store Legedag, den großen Spieletag aus. Inhalt der populären Veranstaltung für die ganze Familie ist aber weniger der gepflegte Zusammenbau von Legosteinen als eine spektakuläre Maschinen– und Trucker-Show, die sich um Motorräder und LKWs dreht.

Antike Möbel und historische Gegenstände des täglichen Bedarfs sind bei Agremøllens Antik & Genbrug am Pluggegårdsvej in großer Auswahl und recht günstig zu finden. Die handbedruckten Textilien der Designerin Bente Hammer gehören längst zu den modischen Geheimtipps landesweit mit einer treuen Fangemeinde. Sie produziert und verkauft ihre Waren in der ehemaligen Schmiede in Sichtweite der Rundkirche (Nyker Hovedgade 32, Tel. 0045 56 96 33 35, www.bentehammer.dk). Östlich des Dorfes ergänzt eine faszinierende Greifvogelschau mit mehr als 20 Tieren verschiedener Arten von Uhu bis Seeadler und täglichen Flugshows die Bandbreite Bornholmer Attraktionen (Lundsgårdsvej 4, DK-3700 Rønne, Tel. 0045 96 79 30 37, www.bornholmsrovfugleshow.dk).

Einkaufen.
Cassius Clay Keramik, Åbyvej 4, DK-3700 Rønne, Tel. 0045 56 44 10 30, www.cassiusclay.dk

Im Inneren der Rundkirche in Nyker.

Nylars

Die Rundkirche von Nylars wurde dem heiligen Nikolaus geweiht. Rein optisch wirkt Nylarskirke am ausgewogensten, da sie keinerlei äußere Stützpfeiler besitzt. Die dominante und massive Mittelsäule ist ebenfalls mit Malereien versehen, die etwa von 1250 stammen, jedoch leider nur noch teilweise zu erkennen sind. Dargestellt wird die Schöpfungsgeschichte. Am Südrand des unscheinbaren Bauerndorfes befindet sich Lundestenen, das größte und am besten erhaltene von neun Ganggräbern (jættestue) Bornholms. Es besteht aus gut einem Dutzend mächtiger Tragesteine sowie aus drei Decksteinen. Bei der archäologischen Erkundung der Grabstätte fand man neben Knochenresten eine Vielzahl von Beigaben: Schmuck, Gebrauchsgegenständen und Werkzeugen.

Olsker

In der ländlichen und weitläufigen Gemeinde Olsker südlich von Allinge leben gut 1.500 Menschen, verteilt auf kleinste Weiler und Flecken. Wichtigste Attraktion ist die vergleichsweise schlanke und daher höher und wehrhafter wirkende

Rundkirche Olskirke. Dem heiligen Olaf geweiht, lässt sich ihr beinahe fragil wirkendes Innere ausgesprochen gut erkunden. Man kann mit ein wenig Geschick in der Wand bis ganz nach oben in die dritte Etage steigen und den Ausblick durch die ehemaligen Schießscharten genießen. Hier wird erkennbar, dass das kegelförmige Dach erst später aufgesetzt worden ist.
Reichlich Gelegenheit zum Stöbern in jüngerer Geschichte bietet der Antikladen Olsker Antik direkt an der Hauptstraße. Eine echte Fundgrube mit dänischem Einschlag. Im Angebot auch Bornholmer Standuhren zum Schnäppchenpreis.

Unterkunft:
Gæste- og Kursusgården Soldalen, Ferienhäuser, Blockhütten, Maegaardsvej 4, DK-3770 Allinge, Tel: 0045 56 96 91 91, www.soldalen.dk

Pedersker

In der ländlich geprägten Siedlung Pedersker im Inselsüden fallen die beiden etwas außerhalb liegenden Kirchen Povlskirke und Pederskirke auf. Während die erstere das jüngste romanische Kirchenbauwerk Bornholms ist und neben dem Kirchenschiff nur über einen freistehenden Turm verfügt, musste die andere als eine der ältesten Inselkirchen viele Umbauten über sich ergehen lassen, was das recht inhomogene Innere widerspiegelt. Die weiße Holländerwindmühle am Ortsrand stellt eine weitere Landmarke dar. Auf dem Rispebjerg im Osten von Pedersker liegt eine Ringburg aus der Eisenzeit. Die Fluchtburganlage kann aus der Höhe eines Aussichtsturmes eingehend betrachtet werden. Und am Ortsrand liegen die Bornholmer Weinberge von Vingården auf dem Areal des Bauernhofes Lille Gadegård

Unterkunft:
Det gamle Mejeri, im Gebäudekomplex der früheren Meierei, Pedersker Hovedgade 43, DK-3720 Aakirkeby, Tel. 0045 56 97 81 31, www.gamlemejeri.dk

Essen und Trinken:
Vingården, Wein- und Spirituosenproduktion und -handel, Restaurant, Søndre Landevej 63, DK-3720 Aakirkeby, Tel. 0045 21 62 88 57, www.a7.dk

Rutsker

Weithin sichtbar ragt die Rutskirke in den Himmel etwas außerhalb des Weilers Rutsker. Errichtet in 131 Meter Höhe auf dem zweithöchsten Punkt der Insel, bietet der rustikale

Pittoreskses Ensemble in Nylars.

Kirchenbau aus grobem Feldstein einen sehr schönen Aussichtspunkt über die Westküste und bis nach Schweden. Damit dürfte die Kirche ebenfalls von strategischer Bedeutung gewesen sein. Der freistehende Glockenturm gilt als einer der ältesten Bornholms. Wohnungen, Apartments und Ferienhäuser, die einen guten Ausgangspunkt für Wanderungen und Radtouren darstellen, stehen im Rutsker Feriecenter zur Verfügung. Golfer freuen sich hier über einen Golf-Simulator, der auch bei schlechtem Wetter zumindest virtuellen Sport garantiert (Kirkevej 6, DK-3790 Hasle, Tel. 0045 56 96 90 60, www.rutskerferie.dk).

Unterkunft:

Lyngholt Booking & Camping, Borrelyngvej 43, DK-3770 Allinge, Tel:.0045 56 48 05 74, www.lyngholt.dk

Rø

Faszinierende Natureindrücke und ein einzigartiges Kunsterlebnis präsentiert das Umfeld des unscheinbaren Dörfchens Rø nahe der nördlichen Küste. Inmitten hügeliger, fast bergiger Landschaft, die gen Norden abrupt an beeindru-

ckenden Felsformationen endet, findet sich der große, ausgezeichnete Golfkurs, an welchem die drei Golfclubs Nordbornholms ansässig sind. Zum Schnuppern für Golfneulinge steht auch eine kürzere Pay & Play-Bahn bereit. Westlich davon liegt Rutsker Højlyng, ein attraktives Wandergebiet. Die früheren Heideflächen wurden vor etwa 150 Jahren aufgeforstet. Daraus entstand ein zauberhafter Mischwald mit vielen landschaftlichen Facetten und Wackelstein.

An der Küste braust mit 22 Metern Gefälle Dänemarks höchster Wasserfall im Døndal zu Tale. Mächtiges Getöse im Frühjahr wird im Jahresverlauf durch gemächliches Plätschern abgelöst. Gleichwohl bleibt die umgebende Klamm ein lauschiger Ort für Spaziergänge. Nur wenige Meter südwärts ragt schroff und fast senkrecht die Felsformation der Helligdomsklipperne in die Brandung hinaus. Im dunklen, unwirtlich wirkenden Gestein gibt es noch so manche Grotte zu entdecken. Besonders interessant ist die Besichtigung von der Wasserseite aus. Der Schiffsveteran M/SThor von 1913 startet im Gudhjemer Hafen zu regelmäßigen Ausflugsfahrten entlang der Küste (www.ms-thor.dk).

Der alte Küstenrettungsweg (Kyststi), der den Wanderern tolle Aussichten und Eindrücke beschert, führt vom Døndal weiter bis zu Bornholms Kunstmuseum. Die Architektur des modernen Zweckbaus stieß zu Beginn nicht auf ungeteilte Zustimmung, doch man gewöhnte sich im Laufe der Zeit an das clever durchdachte Licht- und Raumkonzept im Inneren.

Alle Bornholmer Maler und Künstler von Høst bis Zahrtmann sind hier vertreten, wobei nicht immer nur die Insel selbst als abgebildetes Sujet diente. Ein langer Steg führt zu einer Aussichtskanzel, von der man hinab auf die Felsküste und hinüber nach Christiansø schauen kann. Viele Skulpturen sind entlang des Weges im Außenbereich platziert und bilden einen starken Kontrast zu den natürlichen Gegebenheiten. Erweiterungen des Museums sind geplant (Otto-Bruuns-Plads 1, DK-3760 Gudhjem, Tel. 0045 56 48 43 86, www.bornholms-kunstmuseum.dk).

Unterkunft:

Birkelund, Ferienwohnungen, Krashavevej 33, DK-3760 Gudhjem, Tel. 0045 56 48 41 41, www.birkelund.info

Was für ein prächtiger Bau: Die Rundkirche von Olskel.

Bornholms Kunstmuseum oberhalb der Klippen von Rø.

Essen und Trinken:

Restaurent Rø, Røvej 51, DK-3760 Gudhjem, Tel. 0045 56 48 40 39, www.bornholm-restaurant.dk

Einkaufen:

Rø Glasværksted, Rø Stationsvej 5, DK-3760 Gudhjem, Tel: 0045 56 48 47 46, www.roeglas.dk

Simon Kofoed Keramik, Klemenskervej 18, DK-3760 Gudhjem, Tel. 0045 56 94 16 00, www.simonkeramik.dk

Rønne

Schon seit 1327 besitzt Rønne Stadtrechte und war von jeher ein bedeutender Handelsplatz. Zunächst vornehmlich für den Verkauf von Hering, später dann für Waren aller Art, die im Hafen umgeschlagen wurden. Daran hat sich bis heute nichts geändert, lediglich die Menge der Heringe ist rückläufig. Die größte Stadt der Insel und wahrscheinlich kleinste Hauptstadt der Welt hat inselweit die meisten Geschäfte und Läden, eine kleine, lebhafte Fußgängerzone und tatsächlich so etwas wie städtisches Leben. Insbesondere dann, wenn ein Kreuzfahrtschiff oder die Fährschiffe aus Schweden, vom Mutterland oder aus Deutschland anlegen und sich ein Schwall von Fahrzeugen und Menschen über den 15.000 Einwohner zählenden Ort ergießt.

Dabei wirkt Rønne erstaunlich malerisch: die weiße St. Nikolai Kirche überragt im Wechselspiel mit dem zierlichen, ebenfalls weißen und achteckigen Leuchtturm von 1880 die Hafenpromenade. Darum herum liegen verwinkelte Gassen mit hübschen kleinen Häusern, viel Fachwerk und Farbe. Mittendrin das älteste, noch aktive Provinztheater des Landes von 1823 (Teaterstræde 2, www.bornholmsteater.dk). An der Stelle, an der Schwedens Gouverneur Printzenskjöld gemeuchelt wurde, sind ein paar besondere Steine, versehen mit der Jahreszahl der Befreiung 1658, im Asphalt der Storegade eingelassen. Auf einigen Hausdächern fällt ein eigentümlicher Ausguck auf, die sogenannte Kikkeborg. Sie erlaubte es dem Hausherrn bis hinunter zum Hafen zu sehen. Besonders gut erkennbar, leider nicht zu besichtigen, auf Købmand Rønnes Gård in der Søndergade.

Die mächtigen Katamaran-Fähren lassen die historischen Häuser im Hafen beinahe wie Spielzeug erscheinen, so die alte Hafenschmiede oder das ehemalige Bahnhofsgebäude. Auf der Mauer hinter dem Zollhaus von 1681 fallen dennoch die Figuren des Teufels und seiner Höllenhunde auf, die dem kleinen Pelle in Andersen Nexøs Roman Angst eingeflößt haben. Tatsächlich wirken sie aber nicht wirklich gefährlich. In der Laksegade 7 ist mit Erichsens Gard noch ein Stück Bornholmer Bürgertum aus dem späten 19. Jahrhundert erhalten. Im Haus der Familie Erichsen waren sowohl der bekannte Autor Holger Drachmann wie der Bornholmer Maler Zahrtmann oft zu Gast, was mit den Töchtern des Hauses zu tun hatte. Der zugehörige Garten erfreut sich einer üppigen Blütenpracht. Im Museumscafé gibt es wunderbare Pfannkuchen, natürlich hausgemacht (DK-3700 Rønne, Tel. 0045 95 87 35, www.bornholmsmuseer.dk/erichs).

Als lebendiges Museum aufbereitet wurden die Keramik-Werkstätten der alteingesessenen Fabrik Hjorths, in der man die Herstellung der hochwertigen Waren verfolgen und teilweise selbst Hand anlegen kann (Krystalgade 5, DK-3700 Rønne, Tel. 0045 56 95 01 60, www.bornholmsmuseer.dk/hjorths). Über die Geschichte Bornholms erzählt sehr anschaulich Bornholms Museum. Objekte aus den Rundkirchen werden hier ebenso gezeigt wie der ungewöhnliche Werdegang der Bornholmer Standuhren. Sehr spannend die kleinen figurinen

R166

Goldplättchen, die auf dem Feld Sorte Muld bei Ibsker entdeckt wurden (Sct. Mortensgade 29, DK-3700 Rønne, Tel. 0045 56 95 07 35, www.bornholmsmuseum.dk). Im alten Kastell beherbergt das Verteidigungsmuseum Forsvarsmuseet, das vor 330 Jahren zu einer Festung ausgebaut werden sollte, aber nie fertiggestellt wurde, eine Ausstellung zur Militärgeschichte der Insel (Arsenalvej 8, DK-3700 Rønne, Tel: 0045 56 95 65 83, www.bornholms-forsvarsmuseum.dk). Außerhalb des Stadtkerns liegt das Viertel mit den schwedischen Häusern.

Unterkunft:

Hotel Griffen, Nordre Kystvej 34, DK-3700 Rønne, Tel. 0045 56 90 42 44, www.bornholmhotels.dk

Hotel Ryttergarden, Strandvejen 79, DK-3700 Rønne, Tel: 0045 56 95 19 13, www.hotelryttergaarden.dk

Sverres Hotel, Snellemark 2, DK-3700 Rønne, Tel. 0045 56 95 03 03, www.sverres-hotel.dk

Radisson Blu Fredensborg Hotel, Strandvejen 116, DK-3700 Rønne, Tel. 0045 56 90 44 44, www.bornholmhotels.dk

Det Lille Hotel, Ellekongstræde 2B, DK-3700 Rønne, Tel. 0045 56 90 77 00, www.detlillehotel.dk

BB-Hotels ApS, St.Torv 17, DK-3700 Rønne, Tel. 0045 56 96 54 06, www.bbhotels.dk

Hafenszene in Rønne.

Danhostel Rønne Vandrerhjem, Arsenalvej 12, DK-3700 Rønne, Tel. 0045 56 95 16 40, www.danhostel-roenne.dk

Rønne Nordskov Camping, Antoinettevej 2, DK-3700 Rønne, Tel. 0045 56 95 22 81, www.nordskoven.dk

Galløkken Strand Camping, Strandvejen 4, DK-3700 Rønne, Tel: 0045 56 95 23 20, www.,gallokken.dk

Essen und Trinken:

Café Baltic, Snellemark 17, DK-3700 Rønne, Tel. 0045 56 91 26 66, www.cafebaltic.dk

Casa Mia, Antoniestræde 3, DK-3700 Rønne, Tel. 0045 56 95 95 73, www.casamia-bornholm.dk

Restaurant Poul P.Lounge & Café, Torvegade 29, DK-3700 Rønne, Tel. 0045 28 77 60 40, www.restaurant-poulp.dk

Hos Caspar, Sdr.Landevej 2, DK-3700 Rønne, Tel. 0045 56 93 20 71, www.hoscaspar.dk

Rådhuskroen – Hansens Bøfhus, Nørregade 2, DK-3700 Rønne, Tel. 0045 56 95 00 69, www.hansens-beufhus.dk

Texas, St. Torvegade 14, DK-3700 Rønne, Tel. 0045 56 91 10 09, www.texas-bornholm.dk

Einkaufen (Auswahl):

Bornholmer Ure, Torneværksvej 26,

DK-3700 Rønne, Tel. 0045 56 95 31 08, www.bornholmerure.dk
Arts & Crafts Association Bornholm, Nørregade 18, DK-3700 Rønne, Tel. 0045 27 22 12 60, www.acab.dk

Bornholms Velkomstcenter:
Ndr. Kystvej 3, DK-3700 Rønne, Tel. 0045 56 95 95 00

Sandkås

Das Feriendorf des Hafens von Tejn besteht in erster Linie aus Unterkünften für den Fremdenverkehr ohne auf eine bedeutende Historie zurückblicken zu können. So wirkt die Dorfstraße ein klein wenig wie eine Promenade mit ländlichem Flair. Der recht ansehnliche Sandstrand in der langgezogenen Bucht ist mit Felsen durchsetzt. Es können Unterströmungen vorkommen.

Unterkunft:
Hotel Abildgaard, Tejnvej 100, DK-3770 Allinge, Tel. 0045 56 48 09 55, www.hotel-abildgaard.dk
Hotel Friheden, 46 Zimmer und Apartments, Wellnessbereich und Pool, Tejnvej 80, DK-3770 Allinge, Tel. 0045 56 48 04 25, www.hotel-friheden.dk
Hotel Klintely, Ferienhäuser, Klinteløkken 9, DK-3770 Allinge, Tel. 0045 56 95 72 95, www.familieferiebornholm.dk
Sandkås Badehotel, Tejnvej 52, DK-3770 Allinge, Tel. 0045 28 20 78 94, www.sandkaasbadehotel.dk
Pension Brinken, Jørgen Mortensen, Brinkevej 4, DK-3770 Allinge, Tel. 0045 56 48 10 11, www.pension-brinken.dk
Sandkaas Familiecamping, Poppelvej 2, DK-3770 Allinge, Tel. 0045 56 48 04 41, www.sandkaas-camping.dk

Sandvig

Die kleinere Hälfte der mit Allinge zusammengesetzten Stadt hoch im Norden Bornholms dominiert der Fischerhafen, der schon die touristischen Anfänge auf der Insel gesehen hat. Hinter den roten Hütten der Seemänner am Hafen prägen die stolzen Fassaden der Hotels und Pensionen in typischer Bädearchitektur der Jahrhundertwende die Uferpromenade. Die Dichte an Unterkünften ist hier größer als an den anderen Orten Bornholms und bei schönem Wetter fühlt man sich zurückversetzt in Zeiten als Urlaub noch Sommerfrische hieß.

Sandvig ist ein guter Ausgangspunkt zur Erkundung der historisch bedeutsamsten Sehenswürdigkeit der Insel, der Burgruine Hammershus. Als Machtzentrale über mehrere Jahrhunderte, oft heftig umkämpft, litt vor allen Dingen die Bausubstanz der 1255 vom Bischof von Lund erbauten Befestigung unter den steten Angriffen. Obwohl in Teilbereichen arg ramponiert, gibt die Burg noch immer ein stolzes und eindrucksvolles Bild ab. Von der Höhe bieten sich schöne Ausblicke über das Meer hinüber nach Schweden. Aber auch die skurrilen Felsformationen der Löwen- und Kamelköpfe, die direkt unterhalb von Hammershus ihre Häupter gen Horizont recken, sind mit etwas Eingebungskraft gut erkennbar. Direkt vom Ufer aus betrachtet wirken ihre Silhouetten im Abendlicht vor der untergehenden Sonne geradezu majestätisch. Im Café am Eingang zur Burg gibt es eine kleine Ausstellung zur wechselhaften Geschichte und dem damit verbundenen Schicksal der Insel. Die größte Burgruine Nordeuropas selbst kann jederzeit besucht werden.

Der Waldgebiet Slotslyngen (Schlosswäldchen) erstreckt sich südlich von Hammershus und bietet eine Vielzahl an möglichen Wanderungen und Spaziergängen. Gleiches gilt auch für die äußerste Nordspitze der Insel um den Hammeren (Hammerknuden). Das trutzige Felsengebiet rund um den

Malerische Fassade - Sandvig Hotel.

Leuchtturm Hammer Fyr hat eine Höhe von gut 68 Metern. Entlang des ausgeschilderten Wanderweges erreicht man nach Verlassen des niederen Waldes eine weitestgehend offene Heidefläche. Die Ruine Salomons Kapel erinnert daran, dass vor langer Zeit hier einmal ein Hafen und das Örtchen Kragkås Havn gelegen hat. Den nördlichsten Punkt markiert das Leuchtfeuer von Hammerodde. Einzigartig für Dänemark ist der fast rechteckige Hammersø, der einzige Bergsee des Landes. Fast kreisrund dafür der Opalsø nebenan, der wie der Kristalsø beim gewerblichen Granitabbruch entstand. Vom Hammerhavn wurde die steinerne Fracht exportiert. Heute tummeln sich hier überwiegend Yachten und Sportboote.

Unterkunft:

Hotel Romantik, Strandvejen 68, DK-3770 Allinge, Tel. 0045 56 48 03 44, www.hotelromantik.dk

Hotel Hammersø, Hammershusvej 86, Sandvig, DK-3770 Allinge, Tel. 0045 56 48 03 64, www.hotel-hammersoe.dk

Hotel Pepita, Langebjergvej 1, Sandvig, DK-3770 Allinge, Tel. 0045 56 48 04 51, www.pepita.dk

Hotel Sandvig Havn, Strandpromenaden 5, DK-3770 Allinge, Tel. 0045 56 48 03 01, www.sandvighavn.dk

Strandhotellet, Strandpromenaden 7, DK-3770 Allinge, Tel. 0045 56 48 03 14, www.strandhotellet.dk

Grethas Pension, Nygade 7, DK-3770 Allinge, Tel. 0045 56 48 10 10, www.grethaspension.dk

Hotelpension VERONA, Langebjergvej 12, DK-3770 Allinge, Tel 0045 56 48 09 80, www.verona.dk

Pension Hammerknuden, Hammershusvej 74, DK-3770 Allinge, Tel. 0045 56 48 17 50, www.hammerknudenferie.dk

HotelPension Langebjerg, Langebjergvej 7, DK-3770 Allinge, Tel. 0045 56 48 02 98, www.langebjerg.dk

Pension Sandbogaard, Landemærket 3, DK-3770 Allinge/Sandvig, Tel. 0045 56 48 03 03, www.sandbogaard.dk

Sandvig Vandrerhjem Sjøljan, Hammershusvej 94, DK-3770 Allinge, Tel. 0045 56 48 03 62, www.cykelvandrerhjem.dk

Sandvig Familie Camping, Sandlinien 5, DK-3770 Allinge, Tel: 0045 56 48 04 47, www.sandvigcamping.dk

Essen und Trinken:

Ellas Restaurant og Konditori, Strandgade 42, DK-3770 Allinge, Tel. 0045 56 48 03 29, www.ellasrestaurant.dk

Slotgårdens Café, Langebjergvej 128, DK-3770 Allinge, Tel. 0045 56 48 18 28, www.slotgaardenscafe.dk

Snogebæk

Die Fischerei beherrscht das Bild des kleinen Ortes an der Ostküste der Insel, dessen Ursprünge bis auf das Mittelalter zurückgehen. Quadratisch angelegt ist das Hafenbecken der Küste vorgelagert und nur über einen langen Holzsteg erreichbar. Fischerboote und Yachten teilen sich die dortigen Liegeplätze. Am Küstenstreifen breitet sich ein sehr ansehnliches Strandgebiet aus. Natürlich steht auch hier eine Räucherei (www.smokedfish.dk). Darüber hinaus gibt es viele kleine Läden und Restaurants und eine ungewöhnliche Geschäftigkeit. Diese beruht auf der gelungenen Symbiose zwischen Sommerhäusern und ursprünglichem Dorfcharakter. Qualitativ hochwertiges Kunsthandwerk trifft man in der Glasbläserei bei Designlife und kulinarische Verführungen in der Schokoladenfabrik Kjærstrup Chokolade (www.kjaerstrup.dk). Im Sommer lockt traditionell das spektakuläre Hafenfest Besucher aus Nah und Fern (www.havnefest.dk).

Unterkunft:

Snogebæk Hotelpension, Ellegade 9, DK- 3730 Nexø, Tel. 0045 56 48 80 80.

Pension Blomstergården, Dueoddevej 2-4, DK-3730 Nexø, Tel. 0045 56 48 88 06,

Balka Strand Camping, Klynevej 6, DK-3770 Nexø, Tel. 0045 56 48 80 74, www.balkastrand-familiecamping.dk

Essen und Trinken:

Jørgens cafe, Hovedgaden 3, DK-3730 Nexø, Tel. 0045 56 48 91 10,

Den Lille Havfrue, Hovedgaden 5, DK-3730 Nexø, Tel. 0045 56 48 80 55, www.denlillehavfruebornholm.dk,

Snogebæk Kro, Hovedgaden 25, DK-3730 Nexø, Tel. 0045 56 48 91 10,

Snogebæk Røgeri, Hovedgaden 6, DK-3730 Nexø, Tel: 0045 56 48 80 11, www.smokedfish.dk

Sørens Værtshus, Hovedgaden 25, DK-3730 Nexø, Tel. 0045 56 48 80 20, www.smokedfish.dk

Eksklusiv Restaurant Æblehaven, Hovedgaden 15, DK-3730 Nexø, Tel. 0045 56 48 88 85, www.aeblehaven.com

Einkaufen (Auswahl):

Bo Bendixen Designshop, Hovedgaden 10, DK-3730 Nexø, Tel. 0045 56 48 85 57, www.bobendixen.dk

Designlife ApS, Hovedgaden 4, DK-3730 Nexø, Tel. 0045 56 97 42 26, www.pernillebulow.dk

Sorthat-Muleby

Die kleine Doppelsiedlung Sorthat und Muleby liegt im Westen Bornholms abseits der Hauptstraße, die Rønne mit Hasle verbindet. Viel zu sehen gibt es hier nicht, doch hat gerade dieses Örtchen vielleicht ganz besonders sein unverfälschtes Flair zwischen Landwirtschaft und Fischerei bewahrt. Ein dichter Waldgürtel trennt Sorthat-Muleby vom recht guten Strand, der sich speziell für Familien eignet. Hier stehen eine ganze Reihe von Ferienhäusern. Auch direkt am kleinen Yachthafen sind Unterkünfte verfügbar. Beim Spaziergang auf den diversen Wegen nördlich der Blykobbe Plantage entdeckt man einige kleine Seen. Rubinsø, Safirsø und Smaragdsø sind aufgelassene Tongruben, die – der Name ist Programm – eine sehr eigenständige Mystik besitzen.

Unterkunft:
Hotel Skovly, Nyker Strandvej 40, DK-3700 Rønne, Tel. 0045 56 95 27 84, www.hotel-skovly.dk

Svaneke

Als im Jahr 1974 der Europarat das Städtchen Svaneke im Osten der Insel Bornholm für seine vorzügliche Erhaltung der Innenstadt auszeichnete, steckten ernsthafte Gedanken um Denkmalschutz noch in den Kinderschuhen. Das ehemalige Swanwika, das schon im 14. Jahrhundert wichtiger Handelsplatz im Ostseeraum war, hat es dank einer lokalen Initiative und mit Unterstützung des Nationalmuseums Kopenhagen geschafft seinen romantischen Puppenstubencharakter und sein historisches Ambiente zu bewahren. Jeder Besucher kann sich problemlos für den zauberhaften Marktplatz, die kleinen verwinkelten Gassen, die Gärten mit Feigen- und Maulbeerbäumen, die Kaufmannshöfe und den hübschen Hafen begeistern. Das Idyll krönt zur Freude vieler Kinder die Pferdebahn Linie 1. Der Svaneke Hestesporvogn sorgt im Sommer für kurzweiligen Personennahverkehr.

Der Ort mit den bunten Häusern entwickelte sich in den letzten Jahren zu einem wahren Mekka des Kunsthandwerks. Zu den Keramikern und Kerzenziehern der ersten Stunde gesellten sich alsbald Glasbläsereien, Schmuck- und Modedesigner und Goldschmiede. Neuerdings rundet die Kunst der Lakritz- und Bonbonherstellung das vielfältige Programmangebot ab und schon spricht man von Sweet Svaneke. Alle Produkte verbinden

Himmel, Meer und Weite und das Hafenbecken von Snogebæk.

234
SE 167

eine ausgesprochen hohe Qualität mit typisch dänischem Design. Das gilt auch für den Wasserturm, der auf drei Beinen oberhalb der nordwestlichen Zufahrt in die mit knapp 1200 Einwohnern kleinste Stadt Dänemarks steht. Diese ungewöhnliche Landmarke entstammt dem Skizzenblock des Erbauers des Opernhauses von Sidney, Jørn Utzon (1918-2008).

Nicht weit davon und geradezu brav mutet die kleine Bockwindmühle an. Die hölzerne Svanemølle wird bald ihren 400. Geburtstag feiern können. Nur wenige Artgenossen im Land haben ein solch hohes Alter erreicht. Markant wegen ihrer fünf Schornsteine ist auch die Räucherei direkt am Wasser. Der Leuchtturm Svanekes befindet sich versteckt in einem Wäldchen direkt am Wasser und die geduckt wirkende, leuchtend rot getünchte Kirche am westlichen Ortsrand. Die Ibskirke mit ihrem markanten hohen Turm liegt einige Kilometer außerhalb. Beachtenswert hier die modernen Keramikfiguren des Bornholmer Künstlers Paul Hørn.

Unterkunft:

Hotel Siemsens Gaard, Havnebryggen 9, DK-3740 Svaneke, Tel. 0045 56 49 61 49, www.siemsens.dk

Vergnügungsfahrt in Svaneke.

Danhostel Svaneke Vandrerhjem, Reberbanevej 9, DK-3740 Svaneke, Tel. 0045 56 49 62 42, www.danhostel-svaneke.dk

Hotel Østersøen Ferielejligheder, Havnebryggen 5, DK-3740 Svaneke, Tel. 0045 56 95 85 66, www.team-bornholm.dk/Oestersoen

Hullehavn Camping, Sydskovvej 9, DK-3740 Svaneke, Tel. 0045 56 49 63 63, www.hullehavn.dk

Svaneke Familiecamping, Møllebakken 8, DK-3740 Svaneke, Tel. 0045 56 49 64 62, www.svaneke-camping.dk

Essen und Trinken:

Restaurant Pakhuset, Brænderigænget 3, DK-3740 Svaneke, Tel. 0045 56 49 65 85, www.restaurantpakhuset.dk

Svaneke Bryghuset, Svaneke Torv 5, DK-3740 Svaneke, Tel. 0045 56 49 65 86, www.bryghuset-svaneke.dk

Restaurant Svanen, Storegade 1, DK-3740 Svaneke, Tel. 0045 56 49 69 99

Svaneke Bodega, Svaneke Torv 2, DK-3740 Svaneke, Tel. 0045 56 49 60 24

Svaneke Røgeriet, Fiskergade 12, DK-3740 Svaneke, Tel. 0045 56 49 63 24, www.roegerietsvaneke.dk

Svaneke Ismejeri, Postgade 3, DK-3740 Svaneke, Tel. 0045 56 49 37 40, www.svaneke-is.dk

Einkaufen (Auswahl):

Svaneke Bolcher, Svaneke Torv 7, DK-3740 Svaneke, Tel. 0045 56 49 62 82, www.svanekebolcher.dk

Karamelleriet, Havnebryggen, DK-3740 Svaneke, Tel. 0045 70 23 77 77, cv@karamelleriet.dk

Lakrids by Johan Bülow, Glastorvet 3, DK-3740 Svaneke, Tel. 0045 21 79 68 00, www.lakrids.nu

Svaneke Chokoladeri, Svaneke Torv 5, DK-3740 Svaneke, Tel. 0045 56 49 70 21, www.svanekechokoladeri.dk

Carmen Ekvall, Postgade 19, DK-3740 Svaneke, Tel. 0045 32 11 32 00, www.carmen-ekvall.dk

Charlotte Thorup, Vestergade 8, DK-3740 Svaneke, Tel. 0045 27 38 97 95, www.charlottethorup.dk

Madam Stoltz, Strandstien 2, DK-3740 Svaneke, Tel. 0045 38 79 33 41, info@madamstoltz.dk, www.madamstoltz.dk

Nisse og Troldekompagniet, Ibskervej 41, DK-3740 Svaneke, Tel. 0045 42 29 16 62, www.nisseogtroldekompagniet.dk

Pernille Bülow A/S, Brænderigænget 8, DK-3740 Svaneke, Tel. 0045 56 49 66 72, www.pernillebulow.dk

Merete Høst, Nansensgade 8, DK-3740 Svaneke, Tel. 0045 56 49 74 75, www.meretehoest.dk

Svaneke Touristeninformation:

Peter F. Heerings Gade 7, DK-3740

Strand in Vester Sømarken.

Svaneke, Tel. 0045 56 49 70 79, (Juni–August)

Sømarken

Eine Mischung aus Fischerdorf (Øster Sømarken) mit lauschigem Hafen und typischer Räucherei und Ferienhaussiedlung (Vester Sømarken) umschreibt das kleine Dörfchen westlich des paradiesischen Strandgebietes von Dueodde. Der Spaziergang von dort aus führt vorbei an der Mündung des Flüsschens Øle Å. Nicht weit davon liegt inmitten eines romantischen Wäldchens mit Slusegård eine der drei Bornholmer Wassermühlen. Das benachbarte Forellenhaus zeugt von der Zeit als hier Meerwasserforellen gefangen wurden.

Essen und Trinken:
Restaurant Kadeau, Dependance des edlen Kopenhagener Gastronomiebetriebes, Baunevej 18, Vestre Søvej, Pedersker, DK-3720 Aakirkeby, Tel. 0045 56 97 82 50, www.kadeau.dk/kadeaubornholm.php
Bakkarøgeriet, Østre Sømarksvej 28, DK-3720 Aakirkeby, Tel. 0045 56 97 71 20

Teglkås

Ein paar Häuschen, ein winziger Hafen und das Ende der Straße machen den Flecken Teglkås aus, der allabendlich das spektakuläre Schauspiel des Sonnenuntergangs über der Ostsee bietet. Die alte Räucherei mit den beiden weißen Schornsteinen und der Giebelinschrift, die sie auf das Jahr 1900 datiert, ist ein sehr begehrtes Fotomotiv. Sie schimmert golden im Licht der Abendsonne. Dort, wo nur noch Radler und Wanderer ihren Weg fortsetzen dürfen, liegt das Cafè Gines Minde, früher populäre Bornholmer Gastwirtschaft und Umschlagplatz für Seemannsgarn und Sagenhaftes, jetzt in Privatbesitz, aber während des Sommers geöffnet (Teglkåsvej 82, DK-3790 Hasle, Tel. 0045 56 96 90 82).

Eine Stärkung ist durchaus empfehlenswert, denn die Wanderer erwartet jetzt in nördlicher Richtung eine Steigung von gut 22%. Weitere 10 Minuten ist man unterwegs, bis es hinab zur legendären Jons Kapel geht. Eine lange, hölzerne Treppe von nahezu 170 Stufen führt hinunter. Unten angekommen steht man vor einer steil aufragenden Felsnadel an deren Fuß eine kleine, von der Brandung umtoste Grotte zu erkennen ist. Dort soll, so die Sage, vor tausend Jahren ein Mönch namens Jon das Christentum gelehrt haben. Die Klippenformationen gehören hier zu den schönsten Bornholms und wirken insbesondere abends sehr romantisch.

Tejn

Dank des drittgrößten Hafens auf Bornholm fahren vom kleinen Fischerort im Norden noch jeden Morgen die Fischerboote hinaus auf die Ostsee und behaupten sich so vorläufig gegen die immer größer werdende Schar schwimmender Gefährte ambitionierter Freizeitkapitäne. Auf der Werftanlage lassen sich kleine Schäden gleich vor Ort reparieren, wenn nicht gerade eines der stolzen Fischerboote überholt wird. Die touristische Präsenz ist mehr im Nachbarort Sandkås gegenwärtig. Tejn fehlen weitestgehend die malerischen Winkel und Ecken. Gegenüber des schon 100-jährigen Badehotels Stammershalle befindet sich die gleichnamige eisenzeitliche Fundstätte. Neben drei Bautasteinen nah an der Klippenküste ist die Andeutung eines Steinkreises erkennbar. Tejn ist Austragungsort einer spektakulären Angelveranstaltung an der alljährlich im April mehr als 300 Boote teilnehmen. Bei Trolling Bornholm geht es darum, den größten Lachs aus den Fluten zu ziehen.

Unterkunft:
Stammershalle Badehotel, Sdr. Strandvej 128, DK-3760 Gudhjem, Tel. 0045 56 48 42 10, www.stammershalle-badehotel.dk

Einkaufen:
Butik Maritim, Angel und Segelsportzubehör, Rebslagervej 7, DK-3760 Gudhjem, Tel. 0045 56 48 03 70, www.butik-maritim.dk

Vang

An der nordwestlichen Küste Bornholms liegt das kleine Fischernest Vang, das sich entlang der schroffen Felsen schlängelt. Was heute idyllisch und verschlafen wirkt, war für immerhin 70 Jahre ein geschäftiger Umschlagplatz für die Bornholmer Steinindustrie. Abgebrochenes und bearbeitetes Granitgestein aus den nahen Steinbrüchen wurde von hier aus nach Kopenhagen verschifft, um dort teilweise für den Neuaufbau des Schlosses Christiansborg verwendet zu werden. Die Vang Stenhuggeri war wichtiger Arbeitgeber für den Ort. 1967 wurde der Transport eingestellt, seither bestimmen noch einige Fischerboote und vermehrt die Yachten der Sommergäste das Geschehen im Hafen. Zum Angedenken an diese ökonomische Blütezeit und die immense Bedeutung des Steinmetz-Handwerks installierten die Dorfbewohnor 1984 im Hafen eine kreisförmige Erinnerungsstätte aus zufällig eingesammeltem Steinmaterial. Das Areal des Steinbruchs kann heute für diverse Outdoor-Aktivitäten genutzt werden. Etwas außerhalb befindet sich mit Bornholms Tekniske Samling im ehemaligen Bauernhof Østre Borregård eine sehenswerte Ausstellung zur technischen Geschichte der Insel. Altes Handwerk ist hier genauso vertreten, wie alte Fahrzeuge, ein Kampfjet und Gegenstände des täglichen Bedarfs (Borrelyngvej 48, DK-3770 Allinge, www.bornteksamling.dk).

Malerische Fachwerkhäuser säumen die kleine Hafenpromenade Vangs, während oberhalb davon einige Ferienhäuser zu finden sind. Nördlich von Vang beginnt das weitläufige Waldgebiet Slotslyngen, das über ein ausgedehntes Netz an Wanderwegen und Radwegen verfügt. Zunächst erreicht man hier das Finnedal, in welchem sich mit dem Pissebækken der dritthöchste Wasserfall des Landes in die Tiefe stürzt. Allerdings nur nach einem regenreichen Winter. Der etwas verwunderlich klingende Name hat jedoch nichts mit der ausgezeichneten Wasserqualität zu tun. Südlich liegt das Naturschutzgebiet Ringebakkerne mit bizarren Felsformationen und dem Store Ringebak-

Vang, Ringebakke, Steinbruch.

ker als höchstem Punkt (93 Meter). Viele ehemalige Steinbrüche bilden nun kleine Seen inmitten der Landschaft aus Wald und Fels.

Essen und Trinken:
Le Port, Außenanlage mit Terrassen, tolle Aussicht (Vang 81, DK-3790 Hasle, Tel. 0045 56 96 92 01, www.leport.sk1.dk).

Vestermarie

Das kleine Dörfchen südwestlich des Almindingen-Waldes hat abgesehen von seinem vergleichsweise modernen Kirchenbau nicht sehr viel zu bieten. Es liegt ruhig und ein wenig abseits der wichtigen Verbindungsrouten Bornholms. In der Mauer der alten Kirche befand sich ein Runenstein mit einer vieldeutigen Inschrift, die über das merkwürdige Verhalten einiger Wikinger-Krieger Auskunft gab. Dieser steht jetzt auf dem Kirchhof. Unruhe gab es in der flächenmäßig größten Gemeinde der Insel auch 1943 als ein deutsches Flugzeug beim Bauernhof Vestergaard nach einem Irrflug eine spektakuläre Bruchlandung hinlegte.

Die Kirche von Vestermarie.

Aakirkeby

Das städtische Zentrum Bornholms bildet das knapp 2.000 Einwohner zählende Aakirkeby und ist gleichzeitig so etwas wie der Knotenpunkt für alle wichtigen Inselverbindungen. Da der alte Hafen der Stadt nahe Boderne längst keine Bedeutung mehr hat, orientierte sich das Leben rund um die sehenswerte Domkirche Åkirke. Der Turm aus grobem Feldstein mit dem charakteristischen, stufigen Zwillingsgiebel erinnert an eine mögliche Nutzung als Festung. Doch als solche kam er wohl nie zum Einsatz. Der Aufstieg in luftige Höhe ist möglich und empfehlenswert. Im Innern des Doms steht ein sehenswertes Taufbecken von der schwedischen Insel Gotland.

In der früheren Inselhauptstadt befinden sich viele sehenswerte Fachwerkhäuser. Überhaupt bietet sie ein sehr charmantes Bild mit gut gepflegten und bunten Gärten rund um den Marktplatz, womit ihr Attribut als Blumenstadt deutlich bestätigt wird. Die Natur spielt überhaupt eine entscheidende Rolle in und um Aakirkeby. So liegt etwas südlich das hochmoderne Erlebniszentrum NaturBornholm. Hinter der optisch gewöhnungsbedürftigen Fassade des kantigen Baus offenbaren teils interaktiv gestaltete Ausstellungen Geheimnisse und Entdeckungen der Erdgeschichte, der Tier- und Pflanzenwelt Bornholms und Nordeuropas. Zu sehen sind auch der Saurierzahn, der erst zur letzten Jahrtausendwende entdeckt wurde, und ein Modell des zugehörigen Urviehs aus der Familie Velociraptor (www.naturbornholm.dk).

Ausflüge führen den Besucher vor allen Dingen in das ausgedehnte Waldgebiet Almindingen. Hier, im flächenmäßig drittgrößten Forst des Landes, liegt mit dem 162 Meter hohen Rytterknægten und dem Aussichtspunkt Kongemindet auch der höchste Punkt der Insel und die zweithöchste Erhebung Dänemarks. Das Echotal (Ekkodalen), langgezogenes, geologisch interessantes Relikt der Eiszeit und die Fluchtburgen Lilleborg und Gamleborg verbergen sich ebenfalls unter dem dichten Baumbestand. Dieser ist begründet auf massiven Aufforstungen Anfang des 19. Jahrhunderts als Schiffs- und Hausbau nahezu die gesamten Waldbestände Bornholms vernichtet hatten. Energisches Einschreiten des damaligen Oberförsters Hans Rømer verhinderte, dass die Bauern hier ihr Vieh weiden ließen.

Am kleinen Sumpfgebiet Bastemose wuchs mit der Fregatte ein ganz besonderer Baum gleich neben der Straße. Eine umgekippte Fichte entwickelte sieben Stämme, die nebeneinander himmelwärts strebten. Leider wurde sie Opfer eines Sturmes und der Siebenmaster ist nur noch in Fragmenten erkennbar. Ganz in der Nähe befindet sich die Trabrennbahn auf der in jedem Sommer die Galopper ihre Runden auf staubigem Turf drehen und so mancher Bornholmer und wahrscheinlich auch Tourist ein kleines oder größeres Sümmchen dänischer Kronen beim Wetten verliert. Die Atmosphäre kommt nicht ganz an die Exklusivität von Ascot heran, besticht aber durch eine überaus sympathische Lockerheit (www.bornholmsbrandpark.dk). In Bornholms Automobilmuseum am Grammegårdsvej wurden die Pferdestärken gebändigt und können in chromglänzender Schönheit bestaunt werden. Zwei- und vierrädrige Bollidenveteranen befinden sich in der Ausstellung, die auch das Handwerk und deren Begleiterscheinungen rund um die Mobilität mit einbindet. Eine große gelbe Dampfwalze weist den Weg (www.bornholmsautomobilmuseum.dk).

Unterkunft:

Dams på bakken, Ferienwohnungen, Haregade 6, DK-3720 Aakirkeby, Tel. 0045 23 63 51 53, www.dams-paa-bakken.dk

Aakirkeby Camping, Haregade 23, DK-3720 Aakirkeby, Tel: 0045 97 55 51, www.acamp.dk

Lejrplads Gulhave, einfacher Zeltplatz, Gulbakkevejen 6, DK-3720 Aakirkeby, Tel. 0045 56 99 92 84

Essen und Trinken:

Arthur, Jernbanegade, DK-3720 Aakirkeby, Tel. 0045 56 97 50 97

Christianshøjkroen, Almindingen, Segenvej 48, DK-3720 Aakirkeby, Tel. 0045 56 97 40 13, www.gaia-madhus.dk

Einkaufen:

Bornholms Valsemølle, Hofladen bei der Windmühle, Møllebakken 5, DK-3720 Aakirkeby, Tel. 0045 56 97 40 39, www.bornholms-valsemoelle.dk

Den Bornholmske Sennepsfabrik, schmackhafte Senfsorten direkt vom Erzeuger, Lykkesvej 11b, DK-3720 Aakirkeby, www.sennepsfabrikken.dk

Vingården Lille Gadegård, Wein, Whisky und Likör von Bornholm, Søndre Landevej 63, DK-3720 Aakirkeby, Tel. 0045 21 62 88 57, www.a7.dk

Galleri 2-RN, Kunstgalerie, Eskildsgade 4, DK-3720 Aakirkeby, www.2rn.dk

Sydbornholms Touristeninformation:

Torvet 30, DK-3720 Aakirkeby, Tel.

0045 56 97 37 20 (Mai-September)

Årsballe

Kleiner, ruhiger Ort in der Inselmitte mit einigen, typischen Fachwerkhäusern und einer Ferienhausanlage. Das Dorf überragen zwei weithin sichtbare, hohe Sendemasten des dänischen Fernsehens. Es ist ein geeigneter Ausgangspunkt für Touren gen Osten durch das Waldgebiet von Almindingen, sei es zu Fuß oder mit dem Fahrrad.

Essen und Trinken:

Restaurant Bolsterbjerg, Bolsterbjergvej 26, DK-3700 Rønne, Tel. 0045 56 99 92 00, www.bolsterbjerg.dk

Carl og Kokken, Årsballe By 1, DK-3700 Rønne, Tel. 0045 56 99 00 33, www.carlogkokken.dk

Årsdale

Auf halbem Wege zwischen Svaneke und Nexø im Westen Bornholms liegt das alte Fischerdorf Årsdale, das um 1410 erstmals urkundlich erwähnt wird. Das Leben spielt sich heute in erster Linie im Hafen ab, wo natürlich auch Räuchereien mit Direktverkauf zu finden sind. Von den vor 150 Jahren registrierten 30 Fischkuttern sind immerhin noch sechs übrig geblieben. Wichtigste Sehenswürdigkeit ist die strahlend weiße Holländerwindmühle am

Automuseum in Aakirkeby.

NaturBornholm lädt zum Staunen ein.

südlichen Ortsrand, die aus dem Jahr 1877 stammt und die Eigentümerfamilie mit Strom versorgt. Im Mühlenbau kann neben dem klassischen Mahlvorgang auch eine Steinschleiferei besichtigt werden.

Essen und Trinken:

Årsdale Silderøgeri, Gaden 2, DK-3740 Svaneke, Tel. 0045 56 49 65 08, www.aarsdalesilderoegeri.dk

Einkaufen:

Granit Værkstedet v/Jesper Mikkelsen, Gaden 44, DK-3740 Svaneke, Tel. 0045 56 49 16 80, www.aarsdalemoelle-granitvaerkstedet.dk

Østerlars

Das unscheinbare Dorf Østerlars im mittleren Osten der Insel entwickelt sich in den letzten Jahren mehr und mehr zu einem Zentrum der Kunst. Vertreter jeglicher Kunstformen haben sich niedergelassen und gewähren den Besuchern Einblick in ihre Werkstätten und Ateliers. Hauptanziehungspunkt ist jedoch Dänemarks größte Rundkirche Østerlarskirke. Äußerlich wirkt die älteste der vier Bornholmer Schwestern massiger und kräftiger, doch ist sie nicht höher als die Olskirke. Im Inneren fällt der hohle Stützpfeiler als Unterscheidungsmerkmal auf. Der runde Raum wurde in

Belagerungszeiten als Lagerfläche genutzt. Die Fresken auf der mächtigen Säule stammen aus dem 14. Jahrhundert. Wer es wagt, die schmale Treppe in den Wänden der Kirche empor zu steigen, kann die gewaltige Dachkonstruktion inspizieren. Im ehemaligen Bauernhof gegenüber lockt die Seifensiederei mit einem zauberhaften Gemenge unterschiedlichster Düfte. Zusehen bei der Herstellung ist möglich, selber machen leider nicht (Vietsvej 12, www.saebemageriet.dk). Nicht weit entfernt von der Kirche liegt das lebendige Bornholms Middelaltercenter. Hier wird die Zeit um 700 Jahre zurückgedreht und authentisch zum Leben erweckt. Und das nicht nur während des sommerlichen Mittelaltermarktes. Vom Bogenschießen über Stelzenlaufen bis hin zum Brauen von Met ist zwischen Pulverdampf und gackernden Hühnern so manches möglich. Die Eintrittskarten gelten zusätzlich für das Museum auf Hammershus. Alle zwei Jahre wird ein Puppentheaterfestival ausgerichtet (Stangevej 1, Østerlars, DK-3760 Gudhjem, Tel. 0045 56 49 83 19, www.bornholms-middelaldercenter.dk).

Einkaufen:
Schlotfeldts Glasdesign, Risenholmsvej 8, DK-3760 Gudhjem, Tel. 0045 56 47 14 06, www.schlotfeldts-glasdesign.dk

Østermarie

Zum Ende des 19. Jahrhunderts wurden vielerorts auf Bornholm die Kirchen abgerissen, um Platz für neuere, größere Gotteshäuser zu schaffen. Dies geschah auch im 500 Seelen-Dorf Østermarie im Osten der Insel. Doch beim Abbruch der auf einem quadratischen Grundriss angelegten Kirche, stellte man einige architektonisch ungewöhnliche Stilmerkmale fest und beschloss den Bau zu erhalten. Die neue Kirche, gerühmt wegen ihrer besonderen Akustik, steht nun neben der höchst interessanten sakralen Ruine. Der modernere Teil Østermaries entstand Anfang des 20. Jahrhunderts rund um den heute stillgelegten Bahnhof. Im Klassenraum der alten Dorfschule von 1908 serviert Frau Petersen jetzt Kaffee und Kuchen (Almindingensvej 31, DK-3751 Østermarie, Tel: 0045 56 47 06 18, www.frupetersenscafe.dk). Ein FastFood-Restaurant residiert heute im ehrwürdigen Østermarie Hotel von 1891. Das Dorf übt eine besondere Anziehungskraft auf Künstler aller Stilrichtungen aus, so residiert hier die Kunstvereinigung Kultur-Bornholm. Und einige Straßen wurden seit Beginn der 1990er Jahre nach zeitgenössischen Künstlern,

die den Ort einmal besucht haben, benannt. Wenige Kilometer östlich liegt versteckt in einem kleinen Hain die größte Ansammlung von Bautasteinen auf Bornholm. Louisenlund hat seinen Namen von König Fredrik VII., der dieses von einer Mauer umfriedete Fleckchen Erde seiner Geliebten Louise Rasmussen im August 1851 zum Geschenk machte. Aus welchen Gründen die etwa 50 Bautasteine vor 3.000 Jahren hier aufgestellt wurden, ist wissenschaftlich nicht bekannt.

Einkaufen:

Hvide Hus Kunsthåndværk, Randkløvevej 15, Saltuna, DK-3751 Østermarie, Tel. 0045 56 47 03 33, www.hvidehus-bornholm.dk

Den Gamle Skole, Honigspezialitäten, Louisenlund 5, DK-3751 Østermarie, Tel. 0045 56 47 01 83, www.bornholmskhonning.dk

Teil 3 - Informationen von A-Z

Allgemeine Informationen

Dänemarks offizielle Fremdenverkehrszentrale Visit Denmark betreibt traditionell seine Vertretung in Hamburg. Das dortige Büro ist für den deutschsprachigen Raum zuständig, hat jedoch keinen Publikumsverkehr. Broschüren und Informationen sind über das Internet zu bekommen.

Deutschland: Postfach 70 17 40, 22017 Hamburg, Telefon 0049 1805-326463
(0,14 € je Minute aus dem Festnetz, max. 0,42 € je Minute aus dem Mobilfunknetz), Fax 0049 40-65031930, daninfo@visitdenmark.com, www.visitdenmark.de

Bornholm: Bornholms Velkomstcenter, Ndr. Kystvej 3, DK-3700 Rønne, Tel. 0045 56 95 95 00, info@bornholm.info, http://www.bornholm.info/de

Anreise

Auf Grund der Insellage ist eine Anreise nach Bornholm nur übers Wasser oder aus der Luft möglich, dabei spielt hinsichtlich der Verbindungsfrequenz auch die Jahreszeit eine entscheidende Rolle. Naturgemäß stehen in der Hauptreisezeit während der Sommermonate die meisten Möglichkeiten zur Verfügung, wobei gerade dann eine Vorausbuchung unabdingbar ist.

Mit dem Auto: Von Deutschland aus verkehrt zwischen Ende März und Ende Oktober die Reederei Bornholmer Færgen auf der Route von Sassnitz auf Rügen nach Rønne bei einer Überfahrtszeit von 3,5 Stunden (www.faergen.dk). Während des restlichen Jahres muss der Umweg über Südschweden in Kauf genommen werden, der allerdings recht entspannend ist, da speziell die Nachtfähren der TT Line mit Kreuzfahrtcharakter von Rostock oder Travemünde nach Trelleborg von einem hohen Erholungseffekt profitieren und die anschließende Weiterfahrt nach Ystad recht schnell geht (www.ttline.de). Dort geht man dann an Bord der modernen Schnellfähren der BornholmerFærgen, welche die Distanz bis Rønne in 80 Minuten zurücklegen.

Eine Alternative wäre die Fährverbindung von Køge im dänischen Seeland nach Rønne. Seeland ist am schnellsten zu erreichen über die traditionelle Verbindung der Vogelfluglinie auf der Strecke von Puttgarden auf der Insel Fehmarn nach Rødby auf der Insel Lolland (www.scandlines.de), von hier geht es weiter bis Køge. Die Fähre legt gegen Mitternacht ab und erreicht ihr Bornholmer Ziel nach 5,5 Stunden in aller Frühe (www.faergen.dk). Das dänische Provinzstädtchen kann zudem ohne Unterbrechung über die mautpflichtige Große Belt Brücke erreicht werden. Noch kürzer, aber nicht unbedingt stressfreier, wird die Fährüberfahrt, wenn man direkt über die Autobahnen, Fernstraßen und Brücken bis Ystad fährt. Die Øresund-Brücke zwischen Kopenhagen und Malmö ist ebenfalls kostenpflichtig.

Mit Bus und Bahn: Hier sind einige Variationsmöglichkeiten denkbar, je nach angesteuertem Hafen. So fährt der Bornholmer-Bus vom Hauptbahnhof in Kopenhagen innerhalb von 150 Minuten bis nach Ystad mit entsprechendem Anschluss an die dortigen Fähren (www.graahundbus.dk). Von Trelleborg aus besteht eine Busverbindung mit der Linie 190 nach Ystad oder mit der Linie 346 zunächst nach Malmö und dann weiter mit dem Zug nach Ystad (www.skanetrafiken.se). Im Sommer gibt es die Fähre Bornholm Express vom schwedischen Simrishamn nach Allinge (www.bornholmexpress.dk). Die Anfahrt von Kopenhagen aus erfolgt hier mit Reisebussen der Netbus/Eurolines (www.netbus.dk). Die Dänischen Staatsbahnen DSB fahren mit dem InterCity Zug vom Hauptbahnhof in Kopenhagen direkt bis Ystad (www.dsb.dk).

Mit dem Flugzeug: Der Flughafen von Rønne liegt südöstlich der Stadt und verbindet die Insel über Kopenhagen mit der großen weiten Welt. Mehrmals täglich fliegt Danish Air Transport auf dieser Route bei einer Flugdauer von gut 30 Minuten (www.dat.dk). Im Sommer gibt es jeweils am Samstag einen Flug von Berlin aus (www.airberlin.de).

Apotheken

Die Apotheken (dänisch: Apotek) haben ähnliche Öffnungszeiten wie die normalen Geschäfte auch, also zwischen 9 und 17 Uhr. Notdienste sind jeweils abwechselnd verfügbar. Für einige in Deutschland rezeptfreie Medikamente, muss ein entsprechendes Rezept vorgelegt werden.

Banken

Sparkassen und Banken sind üblicherweise montags bis freitags durchgehend von 10 bis 16 Uhr geöffnet, donnerstags verlängert sich die Öffnungszeit bis 18 Uhr. Geldumtausch am Bankschalter ist mit recht hohen Gebühren behaftet, der Umtausch am Automaten wesentlich günstiger.

Busverkehr

Die Bornholmer Busbetriebe BAT (– din bus på Bornholm) verfügen über ein sehr gutes Streckennetz, das auf zehn Linien die Inselhauptstadt Rønne mit allen Orten der Insel tagsüber in einem stündlichen Rhythmus verbindet. Darüber hinaus existieren außerhalb der Schulferien weitere Routen, welche zusätzliche Querverbindungen zwischen den Orten schaffen. Schließlich fährt im Sommer eine Linie auf der Küstenstraße rund um die Insel. Diverse Mehrfahrtentickets oder Tages- bzw. Wochenkarten befinden sich im Angebot des Nahverkehrsunternehmens. Diese können an verschiedenen Verkaufsstellen auf der Insel (Kioske, Supermärkte) erworben werden. Gruppen mit mehr als 15 Personen erhalten Sondertarif und auch die Mitnahme eines Fahrrades ist möglich (BAT, Munch Petersens Vej 2, DK-3700 Rønne, Tel. 0045 56 95 21 21, www.brk.dk).

Diplomatische Vertretungen

Deutsche Botschaft, Forbundsrepublikken Tysklands ambassade, Postboks 2712, Stockholmsgade 57, DK-2100 København Ø, Telefon 0045 35 45 99 00, Telefon für Passangelegenheiten 0045 35 45 99 11, Fax 0045 35 26 71 05, tyskeamba@email.dk, www.kopenhagen.diplo.de

Österreichische Botschaft, Sølundsvej 1, DK-2100 Kopenhagen, Telefon 0045 39 29 41 41, Fax 0045 39 29 20 86, kopenhagen-ob@bmeia.gv.at, www.aussenministerium.at/kopenhagen

Schweizer Botschaft, Embassy of Switzerland, Amaliegade 14, DK-1256 København K, Telefon 0045 33 14 17 96, Fax 0045 33 33 75 51, cop.vertretung@eda.admin.ch, www.eda.admin.ch/copenhagen

Honorarkonsulat Kristian Goertz, c/o Bornholms Sommerhus Udlejning, Postgade 2, Tejn, DK-3770 Allinge, Tel. 0045 56 48 05 70, konsulat@bsu.dk). Auch Organisation, falls sich ein Paar dazu entscheidet auf Bornholm zu ehelichen.

Einkaufen

Die Läden und Geschäfte haben Öffnungszeiten, die normalerweise von 9 bis 17 oder 18 Uhr dauern. Donnerstags und freitags auch schon einmal bis 20 Uhr. Am Samstag ist bis 14 Uhr offen. Allerdings können diese Zeiten von den Händlern sehr flexibel gehandhabt werden. Bäckereien, Blumenläden und Kioske sowie viele Supermärkte sind auch an Sonn- und Feiertagen geöffnet. Auch die Läden auf den Campingplätzen haben eigene Zeitfenster.

Einreise

Für die Einreise nach Dänemark genügt ein gültiger Personalausweis (noch mindestens drei Monate gültig) oder Reisepass. Kinder unter 16 Jahren benötigen einen Kinderausweis. Gemäß dem Schengener Abkommen gibt es üblicherweise keinerlei Grenz- oder Passkontrollen. Alle Grenzübergänge sind durchgehend geöffnet.

Entfernungen

Auf der Insel:

Rønne – Allinge 23,5 km
Rønne – Dueodde 30 km
Rønne – Gudhjem 24,3 km
Rønne – Hasle 11,5 km
Rønne – Nexø 29,2 km
Rønne – Sandvig 25,3 km
Rønne – Svaneke 31 km
Rønne – Aakirkeby 15,2 km
Allinge – Dueodde 46,2 km
Allinge – Gudhjem 14,9 km
Allinge – Hasle 12,6 km
Allinge – Nexø 36,1 km
Allinge – Sandvig 3,1 km
Allinge – Svaneke 29 km
Allinge – Aakirkeby 28,2 km
Gudhjem – Dueodde 31,5 km
Gudhjem – Nexø 21,4 km
Gudhjem – Svaneke 21,4 km
Gudhjem – Aakirkeby 18,1 km
Svaneke – Dueodde 18,6 km

Landesweit:

Rønne – Kopenhagen 170 km
Rønne – Odense 322 km
Rønne – Aarhus 462 km
Rønne – Ystad 74,1 km
Rønne – Trelleborg 123 km
Rønne – Sassnitz 120 km
Rønne – Travemünde 350 km

Feiertage und Feste

1. Januar (Neujahrstag), März/April (Christliches Osterfest inklusive des Gründonnerstag, Karfreitag, Ostermontag) April/Mai (Buß- und Bettag/ 4. Freitag nach Ostern), Mai (Christi Himmelfahrt) Mai/Juni (Christliches Pfingstfest), 5. Juni (Verfassungstag), 23. Juni (Sct.Hans,

Mittsommertag), 24./25./26. Dezember (Weihnachten), 31. Dezember (Silvester).

Geldautomaten

Geldautomaten sind bei allen Banken zu finden. Akzeptiert werden hier, wie auch bei den meisten Geschäften und Supermärkten die gängigen Kreditkarten und EC-Girokarten.

Gesundheit

Im Falle einer plötzlich auftretenden Krankheit oder eines Unfalles hat jeder, also auch der Reisende, Anspruch auf kostenlose medizinische Behandlung in einem dänischen Krankenhaus. In Rønne befindet sich am Ullasvej 8 das einzige Krankenhaus Bornholms (Telefon 0045 56 95 11 65, www.bornholmshospital.dk). Sollte ein Rücktransport erforderlich sein, erfolgt dieser auf eigene Kosten.

Durch den Versicherungsschutz der Krankenkasse besteht das Anrecht auf kostenlose ärztliche Behandlung sowie die Rückerstattung von Arzt-, Zahnarzt- und Medikamentenkosten. Sinnvollerweise sollte die Europäische Krankenversicherungskarte der Krankenkasse mitgeführt werden. Empfehlenswert kann auch der Abschluss einer Reisezusatzversicherung sein.

Außerhalb normaler Sprechzeiten (8 - 16 Uhr) sowie am Wochenende steht ein ärztlicher Notdienst bereit. Notfallnummern sind im Internet unter www.laegevagten.dk zu finden. Im akuten Notfall hilft die Notrufnummer 112. Informationen zum dänischen Gesundheitssystem gibt es unter www.ess-europe.de/europa/kvsys_daenemark.htm. An vielen Orten auf der Insel befinden sich Notrufsäulen mit Defibrillatoren.

Haustiere

Seit 2011 müssen vierbeinige Haustiere zur exakten Identifizierung einen eingepflanzten Chip besitzen sowie einen vom Tierarzt abgezeichneten EU-Heimtierausweis, in welchem alle notwendigen Impfungen eingetragen sind. Die letzte Impfung muss mindestens drei Wochen vor der Einreise erfolgt sein. Zwischen April und Oktober sind Hunde am Strand grundsätzlich an der Leine zu führen. Bei Buchung einer Unterkunft auf entsprechende Hinweise achten.

Für bestimmte Kampfhunderassen gelten gesonderte Bedingungen.

Weitere Informationen im Internet unter www.daenemarkmithund.de/

Literatur

Martin Andersen Nexø: **Pelle der Eroberer** - Aufbau Verlag
Bent Rying: **Bornholm, Gestalt, Geschichte, Kultur** – Gyldendal Forlaget
Uli Wohlers: **Die Spur der Schweine, Ein Bornholm-Krimi** – Braumüller Literaturverlag

Mietwagen

Neben der lokalen Autovermietung Bornholms Biludlejning in Rønne (Tel. 0045 56 95 22 08, www.bornholmsbiludlejning.dk) können Fahrzeuge auch bei internationalen Anbietern tage- oder wochenweise geliehen werden. Während AVIS eine Vertretung in Rønne hat (Tel. 0045 56 95 34 99, www.avis.dk) kann man die Fahrzeuge von Europcar am Hafen und am Flughafen entgegennehmen (Tel. 0045 56 95 43 00, www.europcar.dk), es empfiehlt sich eine Vorausbuchung über das Internet.

Polizei

Da die Kriminalitätsrate auf der Urlaubsinsel recht niedrig ist, hat die Polizei (dän.: Politi) relativ wenig zu tun. Diebstahldelikte, kleinere Verkehrsunfälle und Sicherheitsaufgaben während größerer Veranstaltungen gehören zu deren Hauptbeschäftigungen. Rønne Politi, Zahrtmannsvej 44, DK-3700 Rønne, Tel. 0045 56 90 14 48, BORNH@politi.dk). Krankenwagen und Feuerwehr sind unter 112 zu erreichen.

Post

Briefe bis zu einem Gewicht von 50g und Postkarten kosten im Versand nach Deutschland DKK 12,00 (Stand: April 2012). Um eine schnelle Beförderung zu garantieren, sollte ein großes A (für bevorzugte Behandlung) gut sichtbar neben der Briefmarke vermerkt sein. Typische, halbrunde und knallrote Briefkästen mit gelbem Posthorn stehen für den Einwurf von Briefen und Karten bereit. Postagenturen haben die ehemaligen Amtsstuben ersetzt und sind in den großen Orten der Insel verfügbar und meist zwischen 9 und 17 Uhr geöffnet.

Rauchen

Seit 2007 besteht in Dänemark ein generelles Rauchverbot auf öffentlichen Plätzen und in öffentlichen Einrichtungen. Dieses Verbot gilt zudem an allen Arbeitsplätzen im öffentlichen Dienst. In allen gastronomischen Betrieben, deren Fläche größer als 40 qm ist, darf ebenfalls nicht mehr geraucht werden, außer in speziell dafür vorgesehenen Raucherräumen. Zigaretten und Tabak sind in Dänemark traditionell sehr teuer.

Souvenirs

Das Kunsthandwerk hat auf Bornholm einen sehr hohen Stellenwert und Standard. Nahezu jede Form von Kunst und Gebrauchskunst lässt sich hier entdecken, zudem in zumeist sehr hoher Qualität wie in den unterschiedlichsten Materialvarianten und Darstellungsformen. Auf die wohl längste Tradition kann dabei das Töpferhandwerk zurückblicken, welches sich eher zufällig auf der Insel etablieren konnte, da man statt der erhofften Kohle in den Gruben bei Hasle auf immense Tonvorkommen stieß. Bornholmer Keramik genießt heute einen hervorragenden Ruf, wobei insbesondere die Werkstätten von Michael Andersen Ceramics (Lille Torv 7, DK-3700 Rønne, Tel. 0045 56 95 00 01) einen Besuch lohnen. Große Namen wie Søholm sind noch in Museen und auf Antiquitätenmärkten zu finden. Viele kleine Töpfereien verteilen sich auf der ganzen Insel. Auch der Bornholmer Granit findet vielfach Verwendung, sei es als dekorative Skulptur oder schlichter Fuß eines Möbelstücks

Wesentlich jünger, aber in ihrer Popularität mittlerweile auf gleichem Rang ist die Bornholmer Glaskunst. Renommierte Künstler haben sich auf der Insel niedergelassen und gewähren Besuchern einen Einblick in die ausgesprochen individuelle und abwechslungsreiche Ausdrucksform des Glasblasens. Herausragend vielleicht Pernille Bülow, die auch edles Design von kunstvollem Schmuck beherrscht und ihre Werkstatt am Glastorvet von Svaneke eingerichtet hat (www.pernille-bulow.dk). Moderne Kunst rund um Glas sind in den Ausstellungsräumlichkeiten bei Baltic Sea Glass nahe Gudhjem zu besichtigen und zu erwerben (www.balticseaglaas.com). Beim Herstellen von Schmuck wird darüber hinaus gerne Bernstein verwendet. Schließlich gibt es auf der ganzen Insel eine erkleckliche Anzahl an Kerzengiesser und –ziehereien mit qualitativ hochwertigen Produkten zu günstigen Preisen.

Sehr beliebt, jedoch recht kostspielig sind die Bornholmer Uhren in Form der klassischen Standuhren aus der Manufaktur von Bent Svendborg Petersen. Voll mechanisch, komplett handgefertigt und im barocken Stil nach historischem Vorbild stellen sie einen echten Blickfang dar. Gerne wird ein Blick in die Werkstatt erlaubt. Die Fertigung der Muster Er, Sie oder Fräulein dauert gut ein Jahr, dafür wird das gute Stück dann aber auch angeliefert (Torneværksvej 26, DK-3700 Rønne, Tel. 0045 56 95 31 08).

Die Kunstschaffenden von Bornholm, darunter ebenfalls Textildesigner und Holzkünstler, haben sich in der Bornholmer Arts & Crafts Association zusammengefunden, die einen ausgezeichneten Überblick über das Schaffenswerk der einzelnen Beteiligten bietet (www.crafts-bornholm.dk).

Der kleine Bornholmer Krølle-Bølle taucht in den verschiedensten Erscheinungsformen auf der Insel auf und ist vor allen Dingen bei Kindern als Mitbringsel sehr beliebt. Sei es im Comic, als Plüschfigur oder Poster.

Zu den begehrtesten kulinarischen Souvenirs gehören neben vakuumverpackten Bornholmern, den geräucherten Heringen, die diversen leckeren Dips als Beigabe zu Salaten, Fleisch- oder Fischgerichten, Bornholmer Bier, Wein oder Aquavit oder das handgemachte Lakritz von Johan Bülow vom Glastorvet in Svaneke oder selbstgemachte Schokolade, Pralinen und Bonbons. Lediglich das Softeis eignet sich nur zum Sofortverzehr.

Sprache

Die Landessprache ist natürlich Dänisch, dass regional etwas unterschiedliche Klangfärbungen haben kann. Englisch ist weit verbreitet, vor allem bei jüngeren Leuten, und verdrängt in der Popularität allmählich die deutsche Sprache. Deutsch wird aber in den touristischen Regionen meist verstanden.

Bornholm besitzt einen eigenständigen Dialekt, der auf der isolierten Lage der Insel beruht und viele Ähnlichkeiten zur schwedischen Sprache aufweist. Eine ganze Reihe von Worten und Begriffen tauchen im heutigen Dänisch nicht oder nicht mehr auf, weil sie noch aus dem Wortschatz des Altnordischen stammen. So fehlt beispielsweise der typische Stosslaut. Die von den Dänen westlich des Øresunds etwas abfällig als Ersatzschwedisch bezeichnete Sprachfärbung verschwindet jedoch in zunehmendem Maße, soll aber möglichst durch kulturfördernde Maßnahmen erhalten bleiben.

Interessanterweise besitzt das

Bornholmische selbst nochmals fünf verschiedene Unterdialekte, die sich jeweils regional bemerkbar machen und eine Art Verlauf vom Dänischen hin zum Schwedischen darstellen. Während Rønne mehr der eigentlichen Landessprache zugewandt ist (Rønne fint), findet man an der Nordküste eher die starken Einflüsse aus den Dialekten der küstennahen schwedischen Provinzen Halland, Schonen und Blekinge.

Strand

Der schönste Strand Bornholms, vielleicht ganz Dänemarks, liegt bei Dueodde an der Südspitze der Insel. Er erstreckt sich über eine Länge von mehr als acht Kilometern bei einer Breitenausdehnung, die gut 500 Meter erreicht, und hält selbst karibischen Vergleichen stand, allerdings ohne charakteristischen Palmenbewuchs. Niederes Gebüsch und Dünengras dominieren. Dahinter liegt ein Kiefernwald mit Ferienhäusern, Campingplätzen und Hotel. Weitere Strände befinden sich zumeist ebenfalls an der Süd- und Ostküste der Insel (Balka, Boderne, Hulle, Rønne, Sandkås, Sømarken), im Norden gibt es zwischen den Felsen nur kleine Badebereiche (Melsted, Næs/Allinge, Sandvig).

Jeder ist zum Betreten der Strände berechtigt, es gibt keinerlei Reglementierung durch z.B. Kurtaxe. Nacktbaden wird im bekanntermaßen liberalen Dänemark weitestgehend toleriert, jedoch sollte man eine gewisse Rücksicht gegenüber anderen Strandbesuchern walten lassen, es gibt keine ausgewiesenen FKK-Bereiche. Badegäste und Wassersportler (z.B. Surfer) sind nicht voneinander getrennt, auch eine Badeaufsicht ist nicht vorhanden, Vorsicht also immer geboten. Die Strömungen können mitunter tückisch sein. Gegen den steten Wind hilft zuweilen ein entsprechender Schutz, denn nicht immer kann man auf Mulden zwischen den Dünen hoffen.

Strom

Die Netzspannung in ganz Dänemark hat 220V (50Hz) Wechselstrom, Adapter werden nicht benötigt. Mittels eines eigenen Schalters kann der Strom direkt an der Steckdose ein- oder ausgeschaltet werden.

Taxi

Verschiedene Taxiunternehmen bieten ihre Dienste auf der Insel an, die nicht nur in der Bornholmer Metropole Rønne (DanTaxi bzw. Bornholms Taxa, Tel. 0045 70 25 25 25 oder 56 95 23 51 www.bornholmstaxa.dk, Skriver´s Taxa, Tel. 0045 56 94 95 51), sondern auch in Nexø (Nexø Taxi, Tel. 0045 56 49 23 00), Aakirkeby (Pedersker Taxi, Tel 0045 56 97 80 90) und Allinge (Taxi Nord, Tel. 0045 56 48 06 32, www.taxinordbornholm.dk) zu finden sind.

Bei An- oder Abreise mit dem Flugzeug kann ein FlyTaxi mindestens drei Stunden vor dem jeweiligen Termin organisiert werden. Zum Festpreis (festgelegt nach Tarifzonen) geht es dann direkt zum Flughafen. Dies ist auch als Sammeltaxi für Gruppen nutzbar, allerdings werden keine Haustiere sowie keine Kinderwagen oder Fahrräder befördert (Tel. 0045 70 25 25 25, www.bornholmstaxa.dk/flytaxi.htm).

Telefon

Die internationale Telefonvorwahl für Dänemark lautet 0045, die Vorwahl für Bornholm ist 56. Für Gespräche nach Deutschland ist die 0049 gefolgt von der Ortsvorwahl ohne Null und der jeweiligen Rufnummer zu wählen. Die Vorwahl für Österreich lautet 0043, die für die Schweiz 0041. Öffentliche Telefonzellen sind eine aussterbende Spezies, denn Mobil-Telefonieren ist ohne Einschränkungen möglich, das dänische Netz an Sendemasten ist recht dicht. Voraussetzung ist natürlich ein Roaming-Vertrag des Anbieters mit einem dänischen Mobilfunkbetreiber.

Toiletten

In vielen Orten, speziell in den Häfen sind öffentliche Toiletten von normalem Standard verfügbar, zumeist befinden sich diese in einem einfachen, aber recht guten Zustand. Auf Campingplätzen kann es nach feuchtfröhlichen Party-Nächten schon einmal zu unangenehmen Verstopfungen kommen.

Trinkgeld

Trinkgelder werden in Dänemark allgemein nicht gegeben. Dies gilt für Hotels ebenso wie für jegliche Dienstleistungen. Wer mag, kann jedoch gerne den Endbetrag ein wenig nach oben korrigieren.

Übernachten

Bornholm ist ein echtes Ferienhaus-Dorado. Ungefähr 4.000 davon sind über die ganze Insel verteilt, darunter wiederum sehr viele im Süden bei Dueodde. Die Anlage und Gestaltung lässt hier jedoch nie das Gefühl räumlicher Enge

und zu großer Nähe zum Nachbarn aufkommen. Lediglich am traditionellen Wechseltag, dem Samstag, überfüllen An- und Abreisende mit ihren Fahrzeugen schon einmal die schmalen Zuwegungen. Die Häuser selbst sind überwiegend sehr gut ausgestattet, mit Sauna, Solarium, Kamin und manchmal auch Swimming-Pool.
Buchungen u.a. über: www.teambornholm.dk, www.dansommer.de, www.novasol.de,

Daneben stehen zahlreiche Hotels, Gasthäuser und Pensionen zur Verfügung. Ebenso wie Ferienwohnungen und einige Bed & Breakfast-Unterkünfte. Campingplätze und sieben Jugendherbergen runden das Angebot ab. Auf den Campingplätzen sind meist neben Stellplätzen für Zelt und Wohnwagen kleine Hütten buchbar.

Eine dänische Variante des schwedischen Jedermannsrechtes, das Fri Teltning, erlaubt die rücksichtsvolle Übernachtung im Zelt in der freien Natur. Möglich beispielsweise auf dem naturschönen Areal der Rø Plantage (www.naturstyrelsen.dk/Naturoplevelser/Aktiv/FriTeltning/).

Verkehr

Für die Einreise mit dem eigenen PKW ist ein EU-weit gültiger Führerschein mitzuführen, zusätzlich der Kfz-Schein bzw. die Kfz-Zulassung sowie ein Nationalitätskennzeichen (D-Schild), sofern das Fahrzeug über kein Euro-Nummernschilder verfügt. Die Grüne Versicherungskarte ist nicht zwingend vorgeschrieben, jedoch empfehlenswert.

Auf den Autobahnen in Dänemark gilt eine Höchstgeschwindigkeit von 130 bzw. auf bestimmten Strecken von 110 km/h, außerhalb geschlossener Ortschaften darf maximal 80 km/h gefahren werden, innerhalb geschlossener Ortschaften, die erkennbar sind am weißen Schild mit einer Stadtsilhouette, 50 km/h.
Mit Anhänger liegt die Höchstgrenze bei 70 km/h auf der Landstraße und 80 km/h auf der Autobahn.

Grundsätzlich bewegen sich die Dänen tendenziell mit ihren Autos eher gemütlich auf den Straßen und Wegen dahin. Raser und Drängler sind nicht gern gesehen und unbeliebt. Auf den wenig befahrenen Nebenstrecken Bornholms kann jedoch schon mal ein Raser unterwegs sein.

Geschwindigkeitsüberschreitungen, auch mit mobilen Radargeräten kontrolliert, werden zudem mit hohen Bußgeldern belegt, die sofort zu begleichen sind. Die in Deutschland übliche Toleranz von 10 Prozent des Tachostandes gilt in Dänemark nicht. Bußgeldbescheide, etwa bei Parkvergehen, die über einen Betrag von EUR 70 hinausgehen, werden auch noch nachträglich in Deutschland vollstreckt.

Alle Kraftfahrzeuge, auch Motorräder, müssen rund um die Uhr mit eingeschaltetem Abblendlicht fahren. Ein Warndreieck sowie eine leuchtende Rettungsweste sind im Fahrzeug mitzuführen. Darüber hinaus besteht Anschnallpflicht für alle. Kinder unter drei Jahren müssen in einem zugelassen Kindersitz auf dem Beifahrersitz befördert werden.

Telefonieren im Auto ohne Freisprecheinrichtung ist während des Fahrens strikt untersagt und wird mit empfindlichen Strafen belegt. Der Blinker muss beim Spurwechsel auf der Autobahn gesetzt werden ebenso wie das Warnblinklicht bei Staus und Behinderungen. Auf Nebenstraßen finden sich häufig weiße Dreiecke, die sog. Haifischzähne. Sie deuten daraufhin, dass man sich einer Vorfahrt berechtigten Straße nähert. Die meisten Verkehrsschilder im Land entsprechen den international üblichen Standards. Das Fahren auf den Schnellstraßen ist ohne Gebühr oder Maut erlaubt, lediglich die Brückenverbindungen zwischen Fünen und Seeland sowie von Kopenhagen nach Malmö sind entgeltpflichtig.

An den zahlreich verbreiteten Tankstellen sind alle internationalen Benzinsorten verfügbar, ebenso Zweitakter-Treibstoff und Dieselkraftstoff. Jedoch gibt es an dänischen Tankstellen weder Biodiesel noch Naturgas. Einige Tankstellen haben zudem auch Autogas (LPG). Viele Tankstellen auf der Insel sind durch ein Zahlungssystem per Kredit- oder EC-Karte automatisiert.

Währung

Dänemark ist zwar Mitglied der Europäischen Union und hat auch das Schengen-Abkommen unterzeichnet, dennoch vertraut man im Konigreich auf die eigene, traditionsreiche Währung, die Dänische Krone DKK.

Sie ist unterteilt in Notenwerte von Scheinen zu 50, 100, 200, 500 und 1.000 Kronen. Die kleinste Münze ist das kupferne 50 Øre Stück, die

Münzen zu 1, 2 und 5 Kronen sind silbern und haben jeweils ein Loch in der Mitte, dazu kommen noch die goldenen 10 und 20 Kronen Stücke.

Der Wechselkurs zur sonst europaweit verbreiteten Einheitswährung EURO liegt etwa im Verhältnis 7,5:1. Damit entsprechen DKK 100 ca. EUR 13,45 bzw. 100 EUR sind etwa DKK 744,00. 100 Schweizer Franken CHF entsprechen DKK 618,50 bzw. DKK 100 sind CHF 16,17. Stand 07/2012.

Wasser

Trinkwasser aus der Leitung ist überall verfügbar und kann bedenkenlos, wenn nicht ausdrücklich anders erwähnt, genutzt werden. Bei öffentlichen Brunnenanlagen sollte man jedoch darauf verzichten, Wasser abzuschöpfen. Die Qualität des Badewassers an den dänischen Stränden ist meist hervorragend und wird üblicherweise streng kontrolliert. Eine Blaue Flagge kennzeichnet Strandabschnitte, an denen man bedenkenlos schwimmen gehen kann.

Zeitunterschied

In Dänemark gilt die gleiche Zeit wie in ganz Mitteleuropa. Der Wechsel von Normalzeit zur Sommerzeit findet jeweils Ende März und Ende Oktober statt. Der dänische Begriff Gudhjem-Zeit begründet sich auf der Tatsache, dass genau auf dem 15. Längengrad, der für die korrekte Berechnung der Mitteleuropäischen Zeit verantwortlich ist, das Städtchen Gudhjem liegt.

Zoll

Während des Urlaubs dürfen alle Waren aus einem anderen EU-Land zollfrei für den persönlichen Gebrauch eingeführt werden, dazu gehören auch Alkohol (ab 16 Jahre) und Tabak (ab 18 Jahre), etc.. Als Richtwerte gelten derzeit: 10 l hochprozentiger Alkohol, 800 Zigaretten, 400 Zigarillos, 200 Zigarren und 1 kg Tabak.

Einzelne Warengruppen können bedingt durch aktuelle Ereignissen vollständig von der Einfuhr ausgeschlossen werden. Mengenmäßige Begrenzungen von Waren bestehen lediglich für Bürger aus Nicht-EU-Ländern bei hochprozentigem Alkohol (über 22 %) sowie Tabakwaren. Jede Person über 17 Jahren darf hier 1 Liter hochprozentigen Alkohol und 200 Zigaretten (oder 100 Zigarillos/50 Zigarren/250 g Tabak) ohne Zollabgaben einführen.

Teil 4 - Anhang

Sprachhilfe

Das dänische Alphabet kennt keine Umlaute, die Buchstaben c, q, w, x, z tauchen ausschließlich in Fremdworten auf. Dafür gibt es die besonderen Buchstaben å (gesprochen wie das o in Nord), ø (gesprochen wie das ö im Deutschen), æ (gesprochen wie das ä im Deutschen) am Ende des Alphabetes – dies zur groben Orientierung.

Allgemein

ja............ja
nein............nej
danke............tak
Vielen Dank!............Mange Tak!
Gern geschehen............Det var så lidt
bitte............vær så venlig/ vær så god
heute............i dag
morgen............i morgen
viel............megen, meget/ mange
wenig............lidt
Entschuldigung............Undskyld
Sprechen Sie Deutsch?.......Taler De tysk?
Ich heiße…............Jeg hedder
Ich verstehe Sie nicht.......Jeg forstår Dem ikke

Begrüßung

Guten Morgen/Tag.....God morgen/ Goddag
Guten Abend............God aften
Gute Nacht............God nat
Hallo............Hallo/ Hej/ Dav

Unterwegs

Wo ist denn…? ....Hvor er....?
geradeaus............ligeud
links............venstre
rechts............højre
Straße............gade
Weg............vej
Fahrrad............cykel
Fahrrad mit Hilfsmotor............knallert
Motorrad............motorcykel
Auto............bil
Diesel............diesel
Benzin............benzin
Bus............bus/ rutebil
Fahrkarte............billet
Haltestelle.holdeplads/ stoppested
Hafen............havn
Schiff............skib
Flughafen............lufthavn/ flyveplads
Abfahrt............afrejse
Ankunft............ankomst
Deutschland............Tyskland
Dänemark............Danmark

Im Restaurant

geöffnet............åben
geschlossen............lukket
Speisekarte............spisekort
Vorspeise............forret/ formad
Frühstück............morgenmad
Mittagessen............frokost
Abendessen kalt............aftensmad

Abendessen warm .... middag
Pfeffer .... peber
Salz .... salt
Was kostet das? .... Hvad koster...?
Rechnung .... regning
Bier .... øl
Fassbier .... fadøl
Wein .... vin
Wasser .... vand
Kaffee .... kaffe
Milch .... mælk
Tee .... te
Prost! .... Skål!

Einkaufen

Bäckerei .... bageri
Brot .... brød
Brötchen .... rundstykke
Kuchen .... kage
Metzger .... slagter
Kaufmannsladen .... købmand
Käse .... ost
Butter .... smør
Supermarkt .... Supermarked
Ausverkauf .... udsalg

Notfall

Hilfe .... hjælp
Apotheke .... apoteh
Arzt .... læge
Zahnarzt .... tandlæge
Krankenhaus .... sygehus
Polizei .... politi
Unfall .... ulykke
Panne .... skade
Durchfall .... diarré
Verstopfung .... forstoppelse
Fieber .... feber
Grippe .... influenza
Erkältung .... forkølelse
Kopfschmerzen .... hovedpine
Zahnschmerzen .... tandpine
Sonnenbrand .... solhede

Zahlen

Null .... nul
Eins .... en
Zwei .... to
Drei .... tre
Vier .... fire
Fünf .... fem
Sechs .... seks
Sieben .... syv
Acht .... otte
Neun .... ni
Zehn .... ti
Elf .... elleve
Zwölf .... tolv
Dreizehn .... tretten
Zwanzig .... tyve
Einundzwanzig .... enogtyve
Zweiundzwanzig .... toogtyve
Dreißig .... tredive
Vierzig .... fyrre
Fünfzig .... halvtreds
Sechzig .... tres
Siebzig .... halvfjerds
Achtzig .... firs
Neunzig .... halvfems
Hundert .... et hundrede
Tausend .... et tusinde

Register

SANDVIG
ALLINGE
SANDKÅS
TEJN
VANG
OLSKER
KÅS
STAMMERSHALLE
TEGLKÅS
HELLIGPEDER
VYSTEBY
RUTSKER
KIRKEBY
KRUMMELED
RISBY
KRASHAVE
STENBY
RØ
RØBRO
HASLE
KLEMENSKER
SPLIDSGÅRDS HUSE
ASSERGÅRDS HUSE
MÆBY
MULEBY
SORTHAT
KIRKEBY
NYKER
ÅRSBALLE
TINGSTED
RØNNE
KNUDSKER
VESTERMARIE
GRISBY
SMØRENGE
MYREBY
LOBBÆK
NYLARS
ARNAGER
KALBY
SOSE
BODERNE
Sose Odde
Ystad
Køge
Sassnitz
Swinoujscie

ØSTERSØEN
GUDHJEM
MELSTED
SALTUNA
KELSEBY
Randkløve Skår
158
YPNASTED
TERLARS
Skrulle
9·1·4
3·5
STAKKEHUSE
BØLSHAVN
ØSTERMARIE
LISTED
(7·8)
SVANEKE
Svaneke Fyr
Hullе Havn
Frenne Odde
Louisenlund
Lyrsby
1·4·9
ELLEBY
GADEBY
DALSLUNDE
IBSKER
Grisby
AARSDALE
Povlsker Plantage
Paradis-Bakkerne
Åker Plantage
Bodilsker Plantage
Pedersker Plantage
Gamle-Klinteby
Slamre-bjerg
Svenskehavn
38
NEXØ
6·3·5(7·8)
Kolobrzeg
GADEBY
BODILSKER
LANGEDEBY
KÆLLINGEBY
STENSEBY
Små-lyngen
BALKA
PEDERSKER
Salthammer Odde
POVLSKER
SNOGEBÆK
6
TJØRNEBY
Strandmarken
Dueodde Fyr

Bildnachweis

Alle Bilder stammen von Udo Haafke.

Über den Autoren

Udo Haafke arbeitet als freier Fotograf und Reisejournalist vornehmlich im europäischen Raum für Tageszeitungen, Online-Reiseführer und Magazine. Er veröffentlichte zahlreiche Bildbände, Kalender und weitere begleitende Publikationen und machte sich einen Namen mit vielen Ausstellungen im In- und Ausland.
www.die-fotos.de

Danksagung:

Für die freundliche Unterstützung bei der Realisierung diese Reiseführers danke ich: Kim Caspersen, Susanne Sachs/Destination Bornholm, Pernille Kofod Lydolph, Anita Jakobsen Aird/Færgen, Reiner Büchtmann, Stefanie Czechowsky/Visit Denmark, Claudia & Bert Beyen (Birkelund).

Andere lieferbare Titel aus unserem Verlagssortiment:

Schmuck und Bilder aus Haaren
154 Seiten, 246 farbige Abbildungen, 80 Schwarzweißfotos und Zeichnungen
ISBN 3-928327-20-8
Hardcover, Preis 35,- Euro

Ærø Reisehandbuch
112 Seiten, 72 Fotos
4 Karten
ISBN 978-3-939408-16-1
Preis 12,95 Euro

Ruhrgebiet für eine Hand voll Euro

132 Seiten, 39 Fotos

ISBN 978-3-939408-01-7

Preis 13,90 Euro

Kos Reisehandbuch

96 Seiten,
50 Farb- und Schwarzweißfotos,
1 Karte

ISBN 978-3-939408-09-3

Preis 12,90 Euro

Viel zu spät begreifen viele die
versäumten Lebensziele:
Freuden, Schönheit und Natur,
Gesundheit, Reisen und Kultur.
Darum, Mensch, sei zeitig weise!
Höchste Zeit ist's! Reise, reise!
(Wilhelm Busch)